世界武器大全
系列丛书

U0275103

# 世界特种武器

## 大全 （图鉴版）

《深度军事》编委会◎编著

清华大学出版社
北 京

# 内 容 简 介

本书是介绍特种武器的军事科普图书，书中精心收录了冷战以来世界各国特种部队使用的一百余款经典特种武器，涵盖主战枪械、自卫枪械、榴弹发射器、反装甲和防空武器、刀具、特种作战载具、辅助作战装备等类型，完整呈现了现代特种作战的武器面貌。多数武器都配有精美的整体鉴赏图和局部特写图，帮助读者了解武器构造。为了增强图书的知识性和趣味性，部分武器添加了一则趣味小知识，作为延伸阅读。

本书内容结构严谨，分析讲解透彻，图片精美丰富，适合广大军事爱好者阅读和收藏，也可以作为青少年的科普读物。

**图书在版编目 (CIP) 数据**

世界特种武器大全：图鉴版 /《深度军事》编委会编著 . —北京：清华大学出版社，2020.5
（2022.9重印）
（世界武器大全系列丛书）
ISBN 978-7-302-54328-2

Ⅰ . ①世… Ⅱ . ①深… Ⅲ . ①特种武器—世界—图集 Ⅳ . ① E92-64

中国版本图书馆 CIP 数据核字（2019）第 263206 号

责任编辑：李玉萍
封面设计：李 坤
责任校对：张彦彬
责任印制：朱雨萌

出版发行：清华大学出版社
网　　址：http://www.tup.com.cn，http://www.wqbook.com
地　　址：北京清华大学学研大厦 A 座　　　　　邮　　编：100084
社 总 机：010-83470000　　　　　　　　　　邮　　购：010-62786544
投稿与读者服务：010-62776969，c-service@tup.tsinghua.edu.cn
质 量 反 馈：010-62772015，zhiliang@tup.tsinghua.edu.cn
印 装 者：涿州汇美亿浓印刷有限公司
经　　销：全国新华书店
开　　本：146mm×210mm　　　印　　张：6.375　　　字　　数：163 千字
版　　次：2020 年 7 月第 1 版　　　印　　次：2022 年 9 月第 3 次印刷
定　　价：45.00 元

产品编号：084611-01

# 前 言

　　所谓特种武器，就是特种部队（Special Forces）装备和使用的各类作战武器。特种部队通常指接受特别及高强度军事训练的军事单位，专门执行特种作战、侦察、渗透、狙击及反恐等非常规作战。

　　早在二战时期，特种部队的雏形就已经初步形成。当时，英国创建了"哥曼德"部队，试图以小规模的非正规部队偷袭挪威西海岸至法国西海岸的德军阵地及其占领的城市，并以这种连续不断的袭扰行动为今后大部队的反攻大陆创造条件。此后，美国、俄罗斯、法国、德国等主要参战国也先后仿照英军的模式组建了执行各种特殊任务的特种部队。二战后，特种部队进一步发展壮大，并在多场局部战争中大显身手。

　　21 世纪以来，随着特种作战理论和武器装备的快速发展，特种作战的地位与作用越来越突出，尤其是在近年来的几场局部战争中，特种部队不仅在力量构成上高度一体化，而且作战能力完全超出了传统的侦察、袭扰等范围，已经从战争的后台走到了前台，从作战行动的配角变成了主角。特种作战随之发生了深刻的变化，从一定意义上看，已经成为一种全局性、战略性、综合性的重要作战形式。

　　随着特种作战地位的提升，各国在特种部队建设上的投入也越来越大，而首当其冲的就是特种武器的研发和配备。特种部队由于所担负任务的特殊性，其武器装备也与普通部队存在差异。正如特种部队的成员需要层层选拔一样，特种部队的武器装备同样也是精挑细选而来。精良的武器装备加上出类拔萃的个人素质，这是特种部队纵横战场的根本所在。目前，各国特种部队在更多地采用陆、海、空三军通用的轻便、灵活、性能更好的武器的同时，还在积极研制专用和新概念武器。未来，特种武器将更加科技化和多样化。

　　本书是介绍特种武器的军事科普图书，全书共分为 8 章，第 1 章简明扼要地介绍了特种部队的历史、特点以及几支闻名世界的特种部队，其他各章分别介绍了冷战以来世界各国特种部队使用的重要主战枪械、自卫枪械、榴弹发射器、反装甲和防空武器、刀具、特种作战载具、辅助作战装备，基本涵盖了现代特种作战中的主流武器。通过阅读本书，读者可以全面认识这些特种作战利器，并在一定程度上了解世界主要军事强国的特种部队发展脉络和实战能力。对于想要进一步学习军事知识的读者，本书还设有配套的电子书，读者可以使用手机扫描书中二维码，进行拓展阅读。

　　本书是真正面向军事爱好者的基础图书，编写团队拥有丰富的军事图书写作经验，并已出版了许多畅销全国的图书作品。与同类图书相比，本书不仅图文并茂，在资料来源上也更具权威性和准确性。同时，本书还拥有非常完善的售后服务，读者朋友可以通过电话、邮件、官方网站和微信公众号等多种途径提出您宝贵的意见和建议。

　　本书由《深度军事》编委会创作，参与编写的人员有阳晓瑜、陈利华、高丽秋、龚川、何海涛、贺强、胡姝婷、黄启华、黎安芝、黎琪、黎绍文、卢刚、罗于华等。对于广大资深军事爱好者，以及有意了解国防军事知识的青少年来说，本书不失为有价值的科普读物。希望读者朋友们能够通过阅读本书循序渐进地提高自己的军事素养。

# 目 录

Chapter 01　特种部队概述................................................1

特种部队的历史........................................................2

特种部队的特点........................................................4

世界知名特种部队......................................................7

Chapter 02　主战枪械................................................10

美国 M16 突击步枪....................................................11

美国 M4 卡宾枪........................................................12

美国 Mk 18 Mod 0 卡宾枪..............................................13

美国 Mk 12 特别用途步枪..............................................14

美国 Mk 14 增强型战斗步枪............................................15

美国 M24 狙击步枪....................................................16

美国 M40 狙击步枪....................................................17

美国 M82 狙击步枪....................................................18

美国 M110 狙击步枪...................................................19

美国 TAC-50 狙击步枪.................................................20

美国 M134 机枪.......................................................21

美国 M249 轻机枪.....................................................22

美国 M2HB 重机枪.....................................................23

美国 M60 通用机枪....................................................25

美国 Mk 48 通用机枪..................................................26

俄罗斯 PP-91 冲锋枪..................................................27

俄罗斯 PP-2000 冲锋枪................................................28

俄罗斯 AK-74 突击步枪 ............................................29

俄罗斯 OTs-14 突击步枪 ...........................................30

俄罗斯 AS 突击步枪 ................................................32

俄罗斯 SVD 狙击步枪 ..............................................33

俄罗斯 SV-98 狙击步枪 ............................................35

俄罗斯 OSV-96 狙击步枪 ..........................................37

俄罗斯 KSVK 狙击步枪 ............................................38

俄罗斯 VSS 狙击步枪 ..............................................39

俄罗斯 VSK-94 狙击步枪 ..........................................40

俄罗斯 VKS 狙击步枪 ..............................................41

俄罗斯 PK 通用机枪 ...............................................42

俄罗斯 Pecheneg 通用机枪 ........................................43

英国 SA80 突击步枪 ...............................................44

英国 AW 狙击步枪 .................................................45

法国 FAMAS 突击步枪 .............................................46

法国 FR-F2 狙击步枪 ..............................................47

德国 HK MP5 冲锋枪 ..............................................48

德国 HK MP7 冲锋枪 ..............................................49

德国 HK UMP 冲锋枪 .............................................50

德国 HK G36 突击步枪 ............................................51

德国 HK 416 突击步枪 ............................................52

德国 PSG-1 狙击步枪 ..............................................53

德国 DSR-1 狙击步枪 ..............................................54

比利时 FN P90 冲锋枪 .............................................55

比利时 FN FAL 自动步枪 ...........................................56

比利时 FN F2000 突击步枪 .........................................57

比利时 FN SCAR 突击步枪 .........................................58

比利时 FN MAG 通用机枪 ..........................................60

奥地利 AUG 突击步枪 .............................................61

奥地利 SSG 69 狙击步枪 ...........................................63

瑞士 SIG SG 550 突击步枪 ................................................64

以色列 "乌兹" 冲锋枪 ................................................65

以色列 Negev 轻机枪 ................................................66

## Chapter 03　自卫枪械 ................................................ 67

美国柯尔特 M1911 手枪 ................................................68

美国 M9 半自动手枪 ................................................69

美国 MEU(SOC) 半自动手枪 ................................................71

俄罗斯 GSh–18 半自动手枪 ................................................72

俄罗斯 MP–443 半自动手枪 ................................................73

俄罗斯 PSS 微声手枪 ................................................74

俄罗斯 SPP–1 水下手枪 ................................................75

德国瓦尔特 PP/PPK 手枪 ................................................76

德国 Mk 23 Mod 0 手枪 ................................................77

德国 HK 45 手枪 ................................................78

德国 HK P7 手枪 ................................................80

德国 HK USP 手枪 ................................................81

德国 HK P11 水下手枪 ................................................82

意大利伯莱塔 93R 手枪 ................................................83

瑞士 SIG P226 手枪 ................................................84

奥地利 Glock 17 手枪 ................................................85

奥地利 Glock 23 手枪 ................................................87

比利时勃朗宁大威力手枪 ................................................88

比利时 FN 57 手枪 ................................................89

捷克斯洛伐克 CZ 75 手枪 ................................................90

克罗地亚 HS2000 手枪 ................................................91

## Chapter 04　榴弹发射器 ................................................ 92

美国 M203 榴弹发射器 ................................................93

美国 M320 榴弹发射器 ................................................95

美国 Mk 13 Mod 0 榴弹发射器 ................................................96

美国 Mk 19 榴弹发射器 ...................................................98

美国 Mk 47 榴弹发射器 ...................................................99

俄罗斯 GP-25 榴弹发射器 ...............................................100

俄罗斯 AGS-17 榴弹发射器 ...............................................101

俄罗斯 AGS-30 榴弹发射器 ...............................................102

俄罗斯 RG-6 榴弹发射器 .................................................103

俄罗斯 DP-64 榴弹发射器 ................................................104

俄罗斯 GM-94 榴弹发射器 ...............................................105

德国 HK AG36 榴弹发射器 ...............................................107

德国 HK GMG 榴弹发射器 ...............................................108

瑞士 GL-06 榴弹发射器 ..................................................109

南非连发式榴弹发射器 ...................................................110

## Chapter 05　反装甲和防空武器 ............................................. 111

美国 M72 轻型反装甲武器 ................................................112

美国 FIM-92 "毒刺" 防空导弹 ...........................................113

美国 FGM-148 "标枪" 反坦克导弹 ......................................114

俄罗斯 RPG-7 反坦克火箭筒 .............................................115

俄罗斯 SPG-9 无后坐力炮 ...............................................116

俄罗斯 9M14 "婴儿" 反坦克导弹 ........................................117

俄罗斯 9M131 "混血儿 -M" 反坦克导弹 ..................................118

英国 "星光" 防空导弹 ....................................................119

法国 "米兰" 反坦克导弹 ..................................................120

德国 "十字弓" 反坦克火箭筒 .............................................121

以色列 "斗牛士" 反坦克火箭筒 ...........................................122

以色列 "长钉" 反坦克导弹 ...............................................124

瑞典 AT-4 反坦克火箭筒 .................................................125

瑞典卡尔·古斯塔夫无后坐力炮 ..........................................127

瑞典 MBT LAW 反坦克导弹 .............................................128

日本 01 式反坦克导弹 ....................................................130

## Chapter 06　刀具 ................................................ **131**

美国 M9 刺刀 ..................................................132

美国 OKC–3S 刺刀 ..........................................133

美国卡巴刀 .......................................................134

美国 Buck 184 求生刀 ....................................136

美国 Strider BNSS 求生刀 ..............................137

美国 SOG S37 匕首 .........................................138

俄罗斯 AKM 刺刀 .............................................139

俄罗斯 NRS–2 求生刀 .....................................140

英国费尔班 – 塞克斯格斗匕首 ......................142

德国 KCB 77 刺刀 ............................................144

奥地利格洛克刺刀 ...........................................145

瑞士军刀 ...........................................................146

尼泊尔廓尔喀弯刀 ...........................................148

## Chapter 07　特种作战载具 ................................ **149**

美国“悍马”装甲车 .......................................150

美国 L–ATV 装甲车 .........................................152

美国沙漠侦察车 ...............................................153

美国先进轻型突击车 .......................................154

美国“水牛”防地雷反伏击车 .......................156

美国 Mk V 特种作战艇 ....................................157

美国“短剑”高速隐形快艇 ...........................159

美国河岸特战艇 ...............................................160

美国“海豹”运输载具 ...................................161

美国 AH–6“小鸟”武装直升机 ....................162

美国 MH–47“支奴干”直升机 ......................163

美国 MH–53“低空铺路者”直升机 ..............164

美国 MH–60“黑鹰”直升机 ..........................165

美国 MV–22“鱼鹰”倾转旋翼机 ..................166

俄罗斯 BTR-80 装甲车 .................................................. 167

俄罗斯"虎"式装甲车 .................................................. 168

乌克兰"野牛"级气垫登陆艇 .......................................... 169

俄罗斯米-24"雌鹿"直升机 ............................................ 170

俄罗斯米-28"浩劫"直升机 ............................................ 171

俄罗斯卡-52"短吻鳄"直升机 .......................................... 172

英国"撒拉森"装甲车 .................................................. 173

英国 AW159"野猫"直升机 ............................................ 174

英国/意大利 EH-101"灰背隼"直升机 .................................. 175

法国 VBL 装甲车 ...................................................... 176

欧洲"虎"式武装直升机 ................................................ 177

意大利 A129"猫鼬"直升机 ............................................ 178

瑞典 CB90 快速突击艇 ................................................ 179

瑞士"食人鱼"装甲车 .................................................. 180

**Chapter 08   辅助作战装备** ........................................ **181**

美国 MQ-1"捕食者"无人攻击机 ........................................ 182

美国 MQ-9"收割者"无人攻击机 ........................................ 183

美国 RQ-11"渡鸦"无人机 ............................................ 184

美国 RQ-16 无人机 .................................................. 185

美国 AN/PVS-14 夜视仪 .............................................. 186

美国 AN/PEQ-15 瞄准器 .............................................. 187

美国 MS 2000 频闪求生信号灯 ........................................ 189

俄罗斯"前哨"无人机 .................................................. 190

挪威"黑色大黄蜂"无人机 .............................................. 191

瑞士"伊罗丝"无人机 .................................................. 192

**参考文献** .......................................................... **193**

# 特种部队概述

特种部队，是指国家或集团为实现特定的政治、经济、军事目的，在军队编制内专门组建的执行特殊任务的部队，具有编制灵活、人员精干、装备精良、机动快速、训练有素、战斗力强等特点。

# 特种部队的历史

　　世界上第一支正式的特种部队起源于第二次世界大战（以下简称二战）中的英国军队，史称"哥曼德"部队。有趣的是，特种部队这个如今风光无限的兵种，其起源却并不是那么"光彩"，甚至可以说是无可奈何之举。

　　二战初期，英法联军的防线在德国机械化部队的攻势下迅速崩溃，于是实施了震惊世界的敦刻尔克大撤退。英国首相温斯顿·丘吉尔对英军的失败痛心不已。为了重振英军士气和防止德军攻击英国本土占领英国，丘吉尔认为只有一个办法，那就是反攻。为此，他要求英国军队制订作战计划，主动且连续地攻击德国占领区。由于在这次大撤退中，英军陆军遭受重创，所有重装备几乎损失殆尽，空军、海军也溃不成军，仅剩下少量未损毁的海军舰艇和残存的空军飞行队，所以此时讨论反攻欧洲大陆并不现实。

　　与此同时，在中东及非洲的英军也遭到了德军的猛烈进攻，强烈要求英国本土军队给予支援，因此这一时期英军根本无力考虑如何越过英吉利海峡攻击被德军占领的法国西海岸，更无力考虑攻击处于德军影响下的丹麦至挪威北部一带的海岸线，所以丘吉尔所谓的"反攻欧洲大陆"成了近乎不切实际的无稽之谈。

　　然而，此时却有一个人为丘吉尔的计划立了大功，这个人就是当时英国陆军参谋长约翰·格里尔·迪尔上将的副官达托莱·克拉克中校。他深知在当时的情况下，英军不可能对欧洲大陆实施大规模的反攻作战，只有以小规模的非正规部队偷袭挪威西海岸至法国西海岸的德军阵地及其占领的城市，并以这种连续不断的袭扰行动为今后大部队的反攻大陆创造条件。基于上述考虑，克拉克中校向陆军参谋长提出了这一建议，不久便得到批准。

　　丘吉尔要求克拉克的袭击部队：不能成建制地抽调本土防卫部队，而且要尽量少带走武器，其他则由克拉克中校自行决定。丘吉尔还建议，新部队称为"奇袭部队"或叫"豹部队"。部队编制1万人，从现有的陆军和海军陆战队中挑选，武器主要为冲锋枪和手榴弹，必要时可使用摩托车和装甲车。当德军对英国本土进攻时，必须同时担任在海岸线迅速抵挡德军进攻的任务。

"哥曼德"部队徽章

　　虽然在部队人员的来源问题上，英军总参谋部内部还有不同意见，但因其执行的是非正规作战，所以军方最后还是同意了丘吉尔的意见，决定挑选人员正式组建这支新部队，并起名"哥曼德"部队。

"哥曼德"部队最初组建有 10 支部队，每支部队辖两个小队。每个小队都是由血气方刚、勇敢无畏的年轻小伙组成，充满了活力。"哥曼德"部队组建后即对德军占领的欧洲西海岸德军目标实施了一系列袭击和破坏行动，不仅极大地鼓舞了英军的士气，而且对德军造成了一定的威胁。正是在克拉克中校的建议下，英国正式组建了第一支特种部队，因此他被认为是英国或世界特种部队之父。

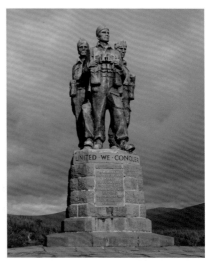

"哥曼德"部队纪念碑

随着英国第一支特种部队的建立，各主要参战国（如美国、法国、德国、苏联等）先后以英军的模式组建了执行各种特殊任务的特种部队。整个二战期间，英国、美国、法国和苏联等国从作战部队临时挑选或招募优秀官兵组成小规模突击队形式的特种部队，对德军实施侦察、破坏、袭扰、绑架和暗杀活动，战果显著。

二战结束后，美国陆军于 1950 年、西班牙陆军于 1956 年、英国于 1959 年又相继组建了各种形式的特种部队，并在其后的局部战争和武装冲突中发挥了重要的作用。越南战争结束后，特别是 20 世纪 80 年代后世界各国的特种部队得到了进一步发展。各国特种部队的武器装备也日趋先进，并向专业化方向发展。尤其是美国，不仅建有统一领导和指挥三军特种部队的特种作战司令部，还拥有多支实力强大、功能各异的特种部队。

美国陆军特种部队军官

# 特种部队的特点

## 人员出色

特种部队对人员的素质要求非常高，在招收新成员时往往要在思想动机、心理素质、文化程度、身体条件方面对应征人员进行严格考核。以美军特种部队为例，其队员的大致招募条件是：在陆、海、空军服役 3 年以上，体格健壮并取得空降合格证书；必须基于"爱国主义动机"；具有高中或大学毕业文化程度，有一定的外语基础；必须敢于冒险、不怕牺牲、勇于承担责任。一经录取，这些人员还将在特种部队学院进行正规、

参加阅兵式的秘鲁特种部队

严格的培训，时间为半年至 1 年。美军特种部队学院实行定期淘汰制，淘汰率最高达 77%，平均合格率仅为 50%。

以色列特种部队的应征者首先要接受严格的体检、心理测试和背景调查。在入伍后一周内，部队还要对其入伍动机、个人爱好、特长等进行考察。新兵能够通过这一阶段考核的比例为 10% ~ 20%。此后，这些通过初步考核的人将接受 20 ~ 24 个月的基础训练和特种训练，最后经考试合格后方可在特种部队服役。印度特种部队要求应征者必须信守"职责、荣誉、国家"的格言，具有主动性和创造性，必须拥有强健的体魄，同时要求具有 12 年制高中毕业文凭。

## 编制灵活

为确保特种部队在危险环境下完成任务，就必须使其具备多种作战能力。各国特种部队一般都编有侦察、突击、反恐怖、破坏、民事、心理、通信等专业分队。此外，还可得到海、空军专业分队的支援配合。作战行动中，通常采用委托式指挥方式，即由受领任务的特遣队指挥官负责组成执行任务的特遣（分）队，并具体实施作战指挥。这就要求其编制具有可灵活编组的特点。

各国特种部队的编制一般为大队（群）或团（营），下辖中队、小队或连、排（组）。大队（群）或团（营）编制名额一般为 1200～1500 人，中队、小队或连、排（组）编制只有数十人。而组为最小的作战编制，一般为 2～15 人。如美国陆军特种作战群为 1400 人，辖 54 个中队，每个中队仅 12 人。

在山区作战的美国陆军特种部队小组

## ||||▷ 训练严格

为了能够完成特殊而复杂的任务并具有多种作战能力，各国特种部队的训练极为严格，训练内容主要包括高强度体能训练、"一专多能"训练、各种作战类型的适应性训练、模拟训练等。

执行特种作战任务常常要付出超常的体力，并承受极度的精神压力。因此，特种兵势必要有强健的体魄、坚强的毅力和良好的心理素质。体能训练的内容主要为军事体育项目和特殊的心理训练项目。如美军特种部队的体能训练分三个阶段：一是基础训练，内容为田径、球类、游泳、体操、越障；二是技能技巧训练，内容有拳击、摔跤、刺杀、登山、滑雪、武装泅渡；三是冒险训练，如攀登、跳伞、滑翔、悬崖跳水等。

特种部队专业分工多，所担负的任务种类繁杂，因此特种兵要掌握多种专业技能。例如，美国陆军特种部队要求队员掌握的专业技能达数十种，主要有领导艺术，心理战，熟练掌握可能任务区的语言，了解异国文化及风俗民情，熟练操作和维修本国及各国的现行武器装备，驾驶各型军用车辆及坦克和直升机，水下战斗，在丛林、雪地、沙漠和核、生化条件下的生存与作战的技能，以及卫生救护等。

所谓各种作战类型的适应性训练，即按照可能的作战行动类型有针对性地进行全面训练。如美军特种部队作战类型分为六种：非常规战、特种侦察、直接行动、反恐怖行动、内卫和辅助支援行动。训练内容为与作战类型有关的计划、战术、技术和程序、侦察、游击战、作战效果评估与核查等。以色列特种部队则针对各种可能发生的情况和战斗制定行动预案，并要求部队按照行动预案进行演练。

模拟训练主要分为两种类型。一是采用先进的训练模拟器材，包括用于进行复杂技术装备操作训练的技术模拟器材（如直升机模拟驾驶仪），以及场地或室内使用的对抗模拟器材（如美军的多用途激光交战模拟器）。二是设置逼真的实战环境，即在实地使用假想敌和实物进行训练。例如，以色列和印度的特种部队在机场的民用客机上进行反劫机实战演练，机内有扮装的乘客和劫机恐怖分子。美军特种部队则按照任务的需要组织受训人员到深山、沙漠、港口等特殊场地与扮装的"游击队"或"恐怖分子"进行非正规战和反恐怖行动训练。此外，美国和以色列还尽可能让其特种部队参加实战锻炼，以提高实战能力。

韩国特种部队冬季训练

## ||||| ▷ 装备精良

特种部队由于所担负任务的特殊性，其武器装备从普通的轻武器到高级电子通信设备、武装直升机、导弹巡逻艇甚至潜艇应有尽有。轻武器主要有各式手枪、机枪、狙击步枪、微声冲锋枪、眩目手榴弹、反坦克枪榴弹、轻型迫击炮和定向地雷等。重武器则包括装甲战斗车、

美国陆军特种兵正在整理个人装备

武装直升机、运输直升机、各种战斗和运输舰船以及潜艇。此外，特种部队的装备还包括各种特战专用装备和高级电子设备，如滑雪、登山和潜水装具，地（水）面定位导航设备、卫星通信设备、夜视与红外侦察设备、遥控侦察飞机等。

目前，各国特种部队在更多地采用陆、海、空三军通用的轻便、灵活、性能更好的装备的同时，还在积极研制专用和新概念武器，即那些可能改变传统特种作战方式的专用和非致命性武器。如美国国防部已授权成立一个专门机构，研究非致命性武器所需的相关技术，包括激光、微波、声波、电磁脉冲、化学复合物和电脑病毒等。美军成立不久的特种作战研究与发展中心也投入大量资金用于反恐怖专用武器装备的研制。

# 世界知名特种部队

## 美国海军"海豹"突击队

　　"海豹"突击队（Sea Air Land Teams, SEALs）是美国海军所属的特种部队，组建于 1962 年。其是"海陆空三栖突击作战部队"的别名，SEAL 取 Sea（海）、Air（空）、Land（陆）之意。

　　"海豹"突击队的队徽由一只老鹰两脚各抓一支枪与鱼叉围绕着海锚组成。由于队徽很像啤酒品牌百威的标签，所以"海豹"队员都戏称它为"百威徽章"。海锚代表美国海军，老鹰则代表美国自由的精神，枪象征着捍卫美国的坚定信念，鱼叉则代表"海豹"蛙人在海上战斗的本能。进入"海豹"突击队的学员，要通过被认为是世界上最艰苦最严格的特别军事训练，而且有时训练完全是真枪实弹，学员要在超常的困境中锻炼毅力和培养团队作战能力，最后 70% 的学员要被淘

"海豹"突击队徽章

汰出局。因此，成为"海豹"突击队的一员可以说是美国军人的至高荣誉。

## 美国陆军"三角洲"特种部队

　　"三角洲"特种部队组建于 20 世纪 70 年代末，专门用来执行反恐怖作战任务，又称"三角特遣队"，全名为美国陆军第一特种部队 D 分遣队。在军方代号中，D 用 Delta 代替，而 Delta（Δ）是"三角洲"的意思，故称"三角洲"特种部队。

　　"三角洲"特种部队的成员大多来自美国陆军"游骑兵""绿色贝雷帽"及其他陆军部队，可谓"精锐中的精锐"。该部队是美国的一支反恐怖拳头力量，但美国政府从来没有正式承认过这个部队的存在，只称他们为"行动人员"或"执行部队"。"三角洲"特种部队现编有 A、B 两个

"三角洲"特种部队徽章

中队和一个支援分队，战斗人员在 800 人左右。此外，还有一些负责人员选拔与训练、后勤、财务、医疗和武器装备的研发等事宜的支援单位，整个部队约有 4000 人。

## 俄罗斯"阿尔法"小组

"阿尔法"小组（Alpha Group）是俄罗斯著名的反恐怖特种部队，创建于 1974 年，现隶属于俄罗斯联邦安全局。该部队最初是为了打击国内恐怖主义，保卫莫斯科奥运会的安全而组建，后来也执行非反恐任务，并负责过总统的安全保卫工作。

"阿尔法"小组成立之初仅有 30 人，20 世纪 90 年代时突破 500 人，并在若干城市成立了分支机构。时至今日，"阿尔法"编制为 250 人，实际人数保持在 500 人的水平。"阿尔法"小组的成员 70% 以上都受过高等教育，多数来自著名的梁赞高等空降指挥学院、莫斯科高等诸兵种合成指挥学院以及边防军所属的两所军事学院。"阿尔法"小组许多成员都受过嘉奖，曾有两名队员在苏联时期获得过"苏联英雄"称号。

"阿尔法"小组徽章

## 英国陆军特别空勤团

特别空勤团（Special Air Service，SAS）成立于 1941 年 7 月 22 日，1946 年 6 月 30 日被解散，1947 年 5 月 1 日重组并发展至今。该部队隶属于英国陆军，有"红色恶魔"和"飞翔的匕首"等昵称，其格言是"Who Dares Wins"（勇者必胜）。SAS 是大部分现代特种战术的开创者，以能在短时间内准确而高效地完成任务而著称。

SAS 编制为 3 个团，共计有 1 个指挥连，6 个战斗连以及 1 个反暴乱突击队（CRW）。SAS 每团编有 600 ~ 700 人，人数少且作风低调。其中 22SAS 是正规部队，另外两个团（21SAS 和 23SAS）是隶属于地方的自卫部队。22SAS 的驻地在克雷登希尔，21SAS 的驻地在伦敦，23SAS 的驻地在伍尔弗汉普顿。SAS 的正规部队和地方部队之间的联系非常密切，两个地方团都有正规训练的军官和士官，以确保其专业水准得以维持。

特别空勤团徽章

## 法国国家宪兵干预组

法国国家宪兵干预组（Groupe d'Intervention de la Gendarmerie Nationale，GIGN）是一个隶属于法国国家宪兵队安全与特勤集群的小组，专门执行反恐怖任务以及人质营救任务。GIGN 是"搜索""干预""救援"和"威慑"四个法文单词的缩写。该部队组建于 1973 年 11 月 3 日，总部位于巴黎附近的萨托里，其座右铭是"Servitas Vitae"（拯救生命）。

GIGN 的人数少、编制小，目前约有 120 人，包括突击队、支援分队和其他勤务技术人员。一共编有 4 个突击队，每个突击队 20 人。每支突击队又分成 A、B 两组，每组 10 名队员。每个突击队都可以独立执行任务，在遇到困难任务时，各突击队也可以联合行动。此外，还有 40 人从事支援勤务工作。这部分人又被分成两大组，每组 20 人。第一组主要负责和战斗有关的勤务，包括 8 名谈判专家，其余 12 人负责通信、技术工作甚至有专人负责军犬。剩下的 20 人负责一些与战斗关系不太紧密的工作。

宪兵干预组徽章

## 德国联邦警察第九国境守备队

德国联邦警察第九国境守备队（Grenzschutzgruppe 9 der Bundespolizei，GSG-9）隶属于德国联邦政府内政部，是世界著名的反恐特种部队，以强悍的战斗力被世人称为"死亡之路"。作为非军事队伍，它的主要任务是应对国内发生的恐怖事件、营救人质，不允许参与警察职责范围之外的军事行动。如果得到别国的同意，GSG-9 也可以被派遣到别国执行任务。

GSG-9 的编制非常小，但每个人都是精英中的精英，其队员仅从国防军或警察部队的志愿者中选拔，且入伍时间必须在 3 年以上。申请者需要通过体格检查、心理特点测验、运动考核和个别谈话等环节。根据公开资料，GSG-9 主要分为以下部门：指挥小组、行动小组（共 4 个，每组 32 人）、技术小组（共 3 个）、训练单位、直升机单位和后勤供应单位。GSG-9 的编制为 200 人，实际拥有队员 300 多人。

第九国境守备队徽章

# Chapter 02

# 主战枪械

　　枪械是现代军队中使用最广泛的单兵武器，对于特种部队来说同样如此。特种部队装备的枪械往往侧重于隐蔽性和便携性，与普通部队装备的枪械有一定区别，但在某些作战条件下，两者装备的枪械并无二致。

# 美国 M16 突击步枪

M16 突击步枪是由美国著名枪械设计师尤金·斯通纳设计的突击步枪，自 20世纪60年代以来一直是美国军队的重要单兵武器，各个军种的特种部队也广泛采用。

枪管组件

弹匣

## 研发历史

1957 年，美军在装备 M14 自动步枪后不久就正式提出设计新枪，竞标者之一阿玛莱特公司由此研制了 AR-15 步枪。1959 年，阿玛莱特公司将 AR-15 专利卖给了柯尔特公司。在进一步改进设计后，美国空军于 1962 年首先采购 8500 支AR-15 装备机场警卫部队，美国陆军则于 1964 年正式装备该枪。1964 年 2 月 8 日，美国空军正式将其命名为 M16。此后，又诞生了 M16A2、M16A3、M16A4 等改进型号，M16 系列逐渐成为成熟可靠、使用广泛的经典步枪。

| 基本参数 | |
|---|---|
| 口径 | 5.56 毫米 |
| 全长 | 1 000 毫米 |
| 枪管长 | 508 毫米 |
| 重量 | 3.3 千克 |
| 弹容量 | 30 发 |
| 相关简介 | |

## 实战性能

M16 突击步枪最初在战场上经常发生卡壳、枪膛严重污垢、枪管与枪膛锈蚀、拉断弹壳、弹匣损坏等故障，这导致它的早期评价极差，但问题很快得到解决。M16A2 和之后的改进型号采用了加厚的枪管，减缓了连续射击时的过热问题，适合持续射击。枪机后方的塑料枪托中设有金属复进簧，可有效缓冲后坐力，使准星不会发生明显的偏移。M16A4 设有皮卡汀尼导轨，可安装传统的携带提把、瞄准系统或者各种光学设备，以适应各种作战需求。不过，比起使用导气活塞的步枪，M16 系列需要更频繁的清洁和润滑来保持稳定工作。

# 美国 M4 卡宾枪

　　M4 卡宾枪是 M16 突击步枪的缩短版本，1994 年开始生产，具有紧凑的外形和强大的火力，适合近距离作战。

枪管

枪托

| 基本参数 | |
|---|---|
| 口径 | 5.56 毫米 |
| 全长 | 840 毫米 |
| 枪管长 | 370 毫米 |
| 重量 | 2.88 千克 |
| 弹容量 | 30 发 |
| 相关简介 | |

## 研发历史

　　随着 M16A2 突击步枪的研制成功，美军开始考虑为特种部队研制发射 SS109/M885 弹的新型卡宾枪。与 M16A2 一样，这种新型卡宾枪也是根据美国海军陆战队的需求而在 1983 年开始设计的。柯尔特公司在 M16A2 突击步枪的基础上研制新型卡宾枪，1985 年完成设计，柯尔特公司的型号为 720 型，而在军方的测试计划中称为 XM4。不过，美国国会否决了海军陆战队的 XM4 采购预算。1986 年 4 月，美国陆军重新开始 XM4 卡宾枪的研制工作和第二阶段试验。经过进一步改进后，XM4 在 1991 年 3 月正式定型并命名为 M4 卡宾枪。

## 实战性能

　　M4 卡宾枪采用导气、气冷、转动式枪机设计，以弹匣供弹及可选射击模式。M4 卡宾枪和 M16 突击步枪有 80% 的部件可以共用，但 M4 卡宾枪比 M16 突击步枪更短，重量也较轻，在近战时能快速瞄准目标。不过，M4 卡宾枪的短枪管使得枪口初速及火力降低，缩短的导气系统令射击声音增大，枪管过热也较快。而沿用 M16 突击步枪的导气系统，开火时是依靠气体推动整个系统。一些武器专家认为，它直接将气体导入开火装置，容易携带碳渣，从而产生污垢和热量，造成润滑剂干燥，可能会在沙漠地区出现可靠性问题。

# 美国 Mk 18 Mod 0 卡宾枪

Mk 18 Mod 0 是由美国柯尔特公司在 M4 卡宾枪基础上改进而来的卡宾枪，主要装备美军特种部队。

| 基本参数 | |
| --- | --- |
| 口径 | 5.56 毫米 |
| 全长 | 762 毫米 |
| 枪管长 | 262 毫米 |
| 重量 | 2.72 千克 |
| 弹容量 | 20、30 发 |
| 相关简介 | |

## 研发历史

由于 M16 突击步枪及 M4 卡宾枪不能完全适应所有任务，美国海军水面作战中心便以更换特种用途的机匣和枪管的方式设计出 CQBR（Close Quarter Battle Receiver，意为"室内近战机匣"），其改装套件其实是 M4 卡宾枪 SOPMOD Block Ⅱ（"特种作战改进型"第二批次）计划的其中一个项目。美国海军水面作战中心将 CQBR 抽出 SOPMOD 独立发展，完全改装的 CQBR 被定名为 Mk 18 Mod 0 卡宾枪。2000 年，Mk 18 Mod 0 卡宾枪开始服役，开始时只配发给海军特种部队，但很快就被其他军种和部分执法机构的特种部队采用。

## 实战性能

Mk 18 Mod 0 卡宾枪采用标准的 M4A1 下机匣，但内部增大了导气孔至 0.18 毫米，改装了缓冲器，采用扩大的拉机柄锁。最初的 Mk 18 Mod 0 卡宾枪将可拆提把切断，只保留后星部分，现在大多改为装上可拆后备照门。该枪使用缠距为 178 毫米的 260 毫米枪管，护木内的枪管直径为 16 毫米。标准护木为 KAC RIS 导轨护木，可安装任何对应皮卡汀尼导轨的配件。Mk 18 Mod 0 卡宾枪主要发射 5.56×45 毫米 M855 普通弹和 M856 曳光弹，由于短枪变短，所以初速较低。

# 美国 Mk 12 特别用途步枪

Mk 12 特别用途步枪（Mk 12 Special Purpose Rifle，Mk 12 SPR）是由阿玛莱特公司在 M16 突击步枪基础上改进而来，主要被美国陆军和海军的特战单位用作狙击步枪或精确射手步枪。

## 研发历史

Mk 12 SPR 的设计概念由阿玛莱特公司总裁马克·韦斯特罗提出，最初被称为"特别用途机匣"（Special Purpose Receiver），之后发展成为一种独立的武器系统，而不再只更换上机匣，这个术语就被取代了。因此，SPR 最终被美国陆军和美国海军命名为 Mk 12 特别用途步枪。Mk 12 SPR 于 2002 年开始服役，美军特种部队曾在"持久自由"行动和"伊拉克自由"行动中广泛使用。

| 基本参数 | |
| --- | --- |
| 口径 | 5.56 毫米 |
| 全长 | 952 毫米 |
| 枪管长 | 457 毫米 |
| 重量 | 4.5 千克 |
| 弹容量 | 20、30 发 |
| 相关简介 | |

## 实战性能

Mk 12 SPR 采用比赛级自由浮置式不锈钢重型枪管，装有特制的枪口制退器。枪管重量经过优化，在确保最大精度的同时把重量减到最轻，均由道格拉斯枪管公司生产。各型 Mk 12 SPR 使用过 M16A1 固定枪托、M16A2 固定枪托、M4 伸缩枪托以及改进型"克兰"枪托。Mk 12 SPR 重量较轻，所以可以快速转换瞄准近距离目标。所有型号的 Mk 12 SPR 都采用自由浮置式前托，不会接触枪管，以消除枪管的不规则振动从而增加射击的准确性。

### 趣味小知识

Mk 12 SPR 没有配用标准的 M855 普通弹或 M856 曳光弹，而是使用更精确的 Mk 262 比赛弹。

# 美国 Mk 14 增强型战斗步枪

Mk 14 增强型战斗步枪（Mk 14 Enhanced Battle Rifle, Mk 14 EBR）是 M14 自动步枪的衍生型，专供美国海军特种作战司令部辖下的单位使用。

| 基本参数 | |
| --- | --- |
| 口径 | 7.62 毫米 |
| 全长 | 889 毫米 |
| 枪管长 | 457.2 毫米 |
| 重量 | 5.1 千克 |
| 弹容量 | 20 发、100 发 |
| 相关简介 | |

## 研发历史

2000 年，美国海军"海豹"突击队向美国海军特种作战司令部发出了研发一支更紧凑的 M14 战斗步枪的要求以后，多家枪械制造商接受招标并开始设计他们的 Mk 14 增强型战斗步枪。2003 年，朗·史密斯和史密斯企业公司研发的 Mk 14 增强型战斗步枪被选中。2004 年，美国海军"海豹"突击队成为第一个装备 Mk 14 EBR 的美军部队，随后美国海岸警卫队也开始装备。

## 实战性能

Mk 14 EBR 设计中最突出的特点在于：枪管长度缩短到 457 毫米、可折叠式枪托和可以安装多种附件的导轨。Mk 14 EBR 的使用者都称赞它比 M14 自动步枪更易使用，这是由于 Mk 14 EBR 的人机工效比原来的 M14 自动步枪更出色，降低了后坐力，并可根据使用者的需求安装各种光学瞄准镜、夜视镜及各种战术配件。

### 趣味小知识

在战斗定位上，Mk 14 EBR 同时扮演着精确射手步枪和近距离作战步枪两种角色。

# 美国 M24 狙击步枪

　　M24 狙击步枪是雷明顿 700 步枪的衍生型之一，正式名称为 M24 狙击手武器系统，主要提供给军队及警察用户。

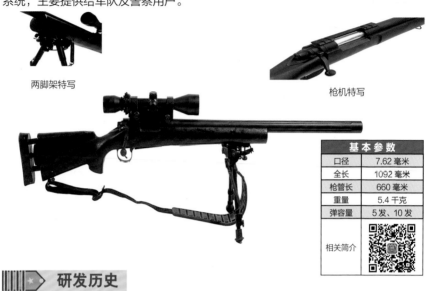

两脚架特写

枪机特写

| 基本参数 | |
| --- | --- |
| 口径 | 7.62 毫米 |
| 全长 | 1092 毫米 |
| 枪管长 | 660 毫米 |
| 重量 | 5.4 千克 |
| 弹容量 | 5 发、10 发 |
| 相关简介 | |

## ▶ 研发历史

　　20 世纪 80 年代后期，M21 狙击步枪已无法满足美军的作战需求。1988 年，美军将 M24 狙击手武器系统选为新的制式武器。该枪从雷明顿 700 步枪演变而来，由于性能非常优异，所以逐渐取代了其他狙击步枪，成为美军的主要狙击武器。之所以称为狙击手武器系统，是因为除了狙击步枪本身以外还配备了瞄准镜及其他配件。M24 狙击步枪的最初型号为 M24A1，之后又出现了 M24A2、M24A3 和 M24E1 等改进型。

## ▶ 实战性能

　　M24 狙击步枪采用旋转后拉式枪机，闭锁可靠性好，枪体与枪机配合紧密，提供了较高的精度。其重型枪管为不锈钢制成，可以自由转动定位。为了承受沙漠恶劣的气候，M24 狙击步枪特别采用碳纤维与玻璃纤维等材料合成的枪身和枪托，可在 −45℃ 至 65℃ 气温变化中正常使用。为了确保射击精度，该枪设有瞄准具、夜视镜、聚光镜、激光测距仪和气压计等配件，远程狙击命中率较高，但使用较为烦琐。

# 美国 M40 狙击步枪

　　M40 狙击步枪是雷明顿 700 步枪的衍生型之一，是美国海军陆战队自 1966 年以来的制式狙击步枪，其改进型号仍在服役。

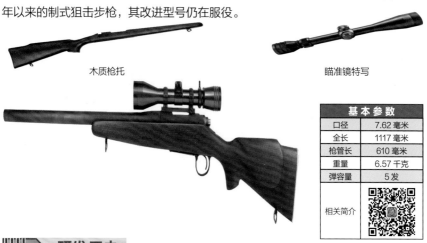

木质枪托

瞄准镜特写

| 基本参数 | |
| --- | --- |
| 口径 | 7.62 毫米 |
| 全长 | 1117 毫米 |
| 枪管长 | 610 毫米 |
| 重量 | 6.57 千克 |
| 弹容量 | 5 发 |
| 相关简介 | |

## ★ 研发历史

　　M40 狙击步枪和 M24 狙击步枪（美国陆军制式狙击步枪）都是雷明顿 700 旋转后拉式枪机步枪的衍生型，但 M40 问世的时间更早。雷明顿 700 步枪自 1962 年推出，就以其精确性和威力受到称赞。20 世纪 60 年代，由于越南战争的需要，美国海军陆战队要求研制一种正规的新式狙击步枪。经过测试后，1966 年 4 月 7 日决定以雷明顿 700 步枪为基础研制狙击步枪，改进后命名为 M40。经过实战检验后，20 世纪 70 年代又出现了改进型 M40A1。M40A1 在 1980 年进行了重大改进，之后又陆续出现了 M40A3（2001 年）和 M40A5（2009 年）等改进型。

## ★ 性能解析

　　M40 狙击步枪是一种手动狙击步枪，最初采用重枪管和木质枪托，用弹仓供弹，弹仓为整体式。1977 年的 M40A1 和 2001 年的 M40A3 将枪托材料换为玻璃纤维。M40A3 还在枪托中采用了后座衬垫，提高了射手射击时的舒适度，但重量也增加了 0.9 千克。M40、M40A1 和 M40A3 都采用 5 发内置式弹仓供弹，M40A5 则改为 5 发可分离式弹仓。早期的 M40 全部装有雷德菲尔德 3 ～ 9 倍瞄准镜，但瞄准镜及木质枪托在越南战场的炎热潮湿环境下，出现受潮膨胀等严重问题，以致无法使用。之后的 M40A1 和 M40A3 换装了玻璃纤维枪托和"尤那托"瞄准镜，加上其他功能的改进，逐渐成为性能优异的成熟产品。

# 美国 M82 狙击步枪

M82 是美国巴雷特公司研制的半自动狙击步枪 / 反器材步枪，美军称其为"重型特殊用途狙击枪"（Special Application Scoped Rifle，SASR）。

枪托

弹匣

## 研发历史

M82 于 20 世纪 80 年代早期开始研发，1982 年造出第一把样枪并命名。之后巴雷特继续研发，并于 1986 年发展出 M82A1 狙击步枪。1989 年，瑞典率先采购了 100 支 M82A1。1990 年，美军宣布全面采用 M82A1。1987 年，更先进的无托型 M82A2 研发成功，降低后坐力的设计使其可以手持抵肩射击而不必使用两脚架，但 M82A2 并没有很成功地打入市场，很快就停产了。M82 系列最新的产品是 M82A1M，被美国海军陆战队大量装备并命名为 M82A3。

| 基本参数 | |
|---|---|
| 口径 | 12.7 毫米 |
| 全长 | 1 400 毫米 |
| 枪管长 | 740 毫米 |
| 重量 | 14 千克 |
| 弹容量 | 10 发 |
| 相关简介 | |

## 实战性能

M82 狙击步枪具有超过 1500 米的有效射程，甚至创造过 2500 米的命中纪录，超高动能搭配高能弹药，可以有效摧毁各类战略物资。除了军队以外，美国很多执法机关也钟爱此枪，包括纽约警察局，因为它可以迅速拦截车辆，一发子弹就能打坏汽车发动机，也能很快打穿砖墙和水泥，适合城市战斗。美国海岸警卫队还使用 M82 狙击步枪进行缉毒作战，有效打击了海岸附近的高速运毒小艇。

# 美国 M110 狙击步枪

M110 狙击步枪是由美国奈特公司研制的 7.62 毫米半自动狙击步枪，正式名称为 M110 半自动狙击手系统（M110 Semi-Automatic Sniper System，M110 SASS）。

瞄准镜

枪托

## 研发历史

M110 狙击步枪的开发目的是替换美国陆军狙击手、观察手、指定射手及班组精确射手的 M24 狙击步枪，美国陆军在提交计划后开放给多家公司参与。2005 年 9 月 28 日，奈特公司的方案胜出，正式定名为 M110 半自动狙击手系统（在测试时名为 XM110）。2006 年年底，M110 狙击步枪正式成为美军的制式狙击步枪。2007 年 4 月，驻守阿富汗的美国陆军"狂怒"特遣队成为首个使用 M110 狙击步枪作战的部队。

| 基本参数 | |
|---|---|
| 口径 | 7.62 毫米 |
| 全长 | 1 029 毫米 |
| 枪管长 | 508 毫米 |
| 重量 | 6.94 千克 |
| 弹容量 | 10、20 发 |
| 相关简介 | |

## 实战性能

M110 狙击步枪采用加长型模块化导轨系统，直接固定在上机匣上，使导轨和机匣一体化，比以往的导轨更稳固，射击时的震动和重复装卸时产生的偏差很小，而且下导轨也可自由装卸。由于密封性加强，减少了泥沙进入护木内的概率。此外，M110 狙击步枪的弹匣释放按钮和保险、拉机柄均可两面操作。在阿富汗和伊拉克执行作战任务的美军都装备了 M110 狙击步枪。有的士兵认为，M110 狙击步枪的半自动发射系统过于复杂，反不如运动机件更少的 M24 狙击步枪精度高。

# 美国 TAC-50 狙击步枪

TAC-50 狙击步枪是由美国麦克米兰公司研制的手动狙击步枪 / 反器材步枪，以 Mk 15 的名称在美国海军"海豹"突击队服役。

枪管部位特写

枪机部位特写

## 研发历史

TAC-50 狙击步枪是麦克米兰公司在 1980 年推出的手动狙击步枪。2000 年，加拿大军队将 TAC-50 狙击步枪选为制式武器，并重新命名为"C15 长程狙击武器"。美国海军"海豹"突击队也采用了 TAC-50 狙击步枪，命名为 Mk 15 狙击步枪。

| 基本参数 | |
|---|---|
| 口径 | 12.7 毫米 |
| 全长 | 1 448 毫米 |
| 枪管长 | 736 毫米 |
| 重量 | 11.8 千克 |
| 弹容量 | 5 发 |
| 相关简介 | |

## 实战性能

TAC-50 狙击步枪采用旋转后拉式枪机，装有比赛级浮置枪管，枪管表面刻有线槽，枪口装有高效能制动器以缓冲 12.7 毫米枪弹的强大后坐力，由可装 5 发子弹的可分离式弹仓供弹，采用麦克米兰的玻璃纤维强化塑胶枪托，枪托前端装有两脚架，尾部装有特制橡胶缓冲垫，整个枪托尾部可以拆下以方便携带。握把为手枪型，扳机是雷明顿扳机，扳机力约 1.6 千克。该枪使用 12.7×99 毫米北约标准子弹，破坏力惊人，狙击手可用来对付装甲车辆和直升机。

### 趣味小知识

2002 年，加拿大军队的罗布·福尔隆下士在阿富汗山区使用 TAC-50 狙击步枪在 2430 米距离击中一名塔利班武装分子 RPK 机枪手，创造了当时最远狙击距离的世界纪录。

# 美国 M134 机枪

M134 机枪是由美国研制的高转速多管旋转式机枪，主要装备在直升机上，也可作为车载武器，主要用途是杀伤集结有生目标和防空等。

| 基本参数 | |
| --- | --- |
| 口径 | 7.62 毫米 |
| 全长 | 801.6 毫米 |
| 枪管长 | 558.8 毫米 |
| 重量 | 39 千克 |
| 弹容量 | 6 000 发 / 分 |
| 相关简介 | |

## 研发历史

M134 机枪的设计概念是源自 19 世纪中期由理查·加特林所研制的加特林机枪。M134 机枪于 1963 年研发，同年开始服役，主要装备于车辆、舰船以及各型飞机。由于该枪射速快、火力猛，常常被戏称为"迷你炮"（Mini gun）。虽然 M134 机枪已诞生数十年，但依然在多个国家的军队中服役，包括美国、英国、法国、德国、澳大利亚和加拿大等。

## 实战性能

M134 机枪采用加特林机枪的原理，用电动机带动六根枪管旋转，在每根枪管回转一圈的过程中，它所对应的枪机则在和枪管一起旋转的旋转体上的导槽内作往复直线运动，依次进行输弹入膛、闭锁、击发、退壳、抛壳等一系列动作，所以射速极高。M134 机枪的脱链供弹机结构十分复杂，其供弹动作是在旋转体的带动下完成的，脱链方式为纵向直推。供弹机的主要部件有脱链转轮、输弹轮等。

> ### 趣味小知识
>
> 虽然 M134 机枪的高速旋转枪管会因离心力的作用导致射击散布增大，但射速高、火力强能弥补射击精度的不足，使得它成为一种十分有效的杀伤有生目标的武器。

# 美国 M249 轻机枪

M249 轻机枪是由比利时国营赫斯塔尔公司制造的 FN Minimi 轻机枪的改良版本，发射 5.56×45 毫米北约标准弹药，1984 年成为美军三军制式班用机枪。

枪托

枪管组件

## 研发历史

20 世纪 60 年代，随着班用武器的小口径化，美军的班用机枪也开始向这个方向发展。虽然美军装备有 M16 轻机枪和 M60 通用机枪，但前者的持续射击性不好，后者的重量又过大。于是，美军公开招标新型小口径机枪，当时有不少的老牌枪械公司来投标，包括比利时国营赫斯塔尔公司。经过激烈角逐后，赫斯塔尔公司的机枪胜出，美军将其命名为 XM249 轻机枪。随后，美军又对 XM249 轻机枪做了一些测试，在确定符合要求后将其选作制式武器，并更名为 M249 轻机枪。

| 基本参数 | |
|---|---|
| 口径 | 5.56 毫米 |
| 全长 | 1041 毫米 |
| 枪管长 | 521 毫米 |
| 重量 | 7.5 千克 |
| 枪口初速 | 915 米 / 秒 |
| 相关简介 | |

## 实战性能

M249 轻机枪的枪管可快速更换，令机枪手在枪管故障或过热时无须浪费时间修理，护木下前方装有折叠式两脚架以利于部署定点火力支援，也可对应固定式三脚架及车用射架。M249 轻机枪对应弹链及 STANAG 弹匣供弹，机枪手在缺乏弹药等紧急情况时可向其他装备 M16 步枪或 M4 卡宾枪的士兵借用弹匣来射击。美军士兵对 M249 轻机枪的使用意见不一，有的认为 M249 轻机枪有耐用和火力强大的优点，也有人认为 M249 轻机枪在卧姿射击时能够满足一般轻机枪用途，但是在抵腰和抵肩射击时较难控制。

# 美国 M2HB 重机枪

M2HB 重机枪是由美国著名枪械设计师约翰·勃朗宁设计的大口径重机枪，发射 12.7×99 毫米大口径弹药，主要用途是攻击轻装甲目标、集结有生目标以及低空防空。

枪身

消焰器

## 研发历史

一战末期，柯尔特公司设计师约翰·勃朗宁应美国远征军总司令约翰·潘兴将军的要求，设计了 M1921 机枪。1926年约翰·勃朗宁去世，在之后的 1927 年至 1932 年间，美国的塞缪尔·格林博士针对 M1921 机枪的设计问题以及军方需求做出调整。1932 年，改进版本正式被美军命名为 M2 机枪。早期的气冷式 M2 机枪由于枪管太轻，无法承受多角度全方位射击要求，容易过热，后又推出改用重枪管的版本，命名为 M2HB（Heavy Barrel）机枪。目前，M2HB 机枪主要由通用动力公司负责生产。

| 基本参数 | |
|---|---|
| 口径 | 12.7 毫米 |
| 全长 | 1 654 毫米 |
| 枪管长 | 1 143 毫米 |
| 重量 | 38 千克 |
| 枪口初速 | 890 米 / 秒 |
| 相关简介 | |

## 实战性能

M2HB 重机枪可以全自动射击，也能够半自动射击，使用 12.7×99 毫米弹药，不但可以攻击敌方人员，而且对低空飞行的直升机和轻装甲车辆等目标有极大杀伤力。M2HB 重机枪每分钟 450 发至 550 发的射速及后坐作用系统令其在全自动发射时十分稳定，命中率较高，但低射速也令 M2HB 重机枪的支援火力降低。M2HB 重机枪用途广泛，为了应对不同情况，它可在短时间内改成机匣右方供弹，且无须专用工具。

美国海军特种兵使用 M2HB 重机枪

**趣味小知识**

　　美军除装备带三脚架的 M2HB 重机枪外，还将它配装在轻型吉普车和步兵战车上，作地面支援武器使用，也作为坦克的并列机枪使用。

# 美国 M60 通用机枪

M60 通用机枪从 20 世纪 50 年代末开始服役，随着多种相同功用机枪的出现及轻武器小口径化，它的设计已显得过时，但仍在部分美国特种部队中服役。

| 基本参数 | |
| --- | --- |
| 口径 | 7.62 毫米 |
| 全长 | 1105 毫米 |
| 枪管长 | 560 毫米 |
| 重量 | 12 千克 |
| 弹容量 | 250 发 |

相关简介

## 研发历史

二战结束后，美国从战场上缴获了大量的德军枪械，春田兵工厂从这些枪械中汲取了不少设计经验。在参考 FG42 伞兵步枪和 MG42 通用机枪的部分设计之后，再结合桥梁工具与铸模公司的 T52 计划和通用汽车公司的 T161 计划，产生了全新的 T161E3 机枪（T 为美军武器试验代号）。1957 年，T161E3 机枪在改进并通过测试后，正式命名为 M60 通用机枪，以此取代老旧的 M1917 及 M1919 机枪。目前，M60 通用机枪由萨科防务公司继续生产。

## 实战性能

M60 通用机枪虽然总体性能较佳，但也出现了一些设计上的缺点，如早期型的机匣进弹有问题，需要托平弹链才能正常射击。该枪的空枪重量达到 12 千克，再加上弹药和其他装备，对士兵来说负重过大不利于机动。550 发 / 分的射速也相对较低，在压制敌人火力点的时候有点力不从心，且不能对射速进行调整。此外，更换枪管还需要佩戴耐热手套，浪费了大量的宝贵时间，在战斗中容易留下较长的火力空隙。

# 美国 Mk 48 通用机枪

    Mk 48 通用机枪是比利时国营赫尔斯塔公司于 21 世纪初期研制的通用机枪，利用 M13 弹链发射火力强大的 7.62×51 毫米北约标准步枪弹。

| 基本参数 ||
| --- | --- |
| 口径 | 7.62 毫米 |
| 全长 | 1010 毫米 |
| 枪管长 | 502 毫米 |
| 重量 | 8.2 千克 |
| 弹容量 | 100 发、200 发 |
| 相关简介 | |

## 研发历史

    20 世纪 90 年代，美国陆军以 M240 机枪（FN MAG 通用机枪的美军制式版本）全面取代已经长时间服役的 M60 通用机枪，但是美国海军特种部队对 M240 机枪的战术性能并不看好，因此在 2001 年提出了新的轻武器研发计划，当年 3 月，美国特种作战司令部批准该计划，并于 9 月下旬向比利时国营赫尔斯塔公司提出新机枪的研制要求。于是，比利时国营赫尔斯塔公司便在 Mk 46 机枪的基础上将口径增大到 7.62 毫米，形成了 Mk 48 通用机枪。目前，该枪正在美国特种作战司令部辖下的多个特种部队服役。

## 实战性能

    由于 Mk 48 通用机枪主要供特种部队使用，为了提高战术性能，在机枪上装有 5 条战术导轨，能够安装各种枪支战术组件，包括各类瞄准镜和前握把等。Mk 48 通用机枪的两脚架连接在导气活塞筒上，为内置整体式，并有连接三脚架的配接器。该枪的枪托为固定聚合物枪托，也有一些型号的 Mk 48 通用机枪使用了伞兵型旋转伸缩式管形金属枪托。虽然 Mk 48 通用机枪比 5.56 毫米口径的 M249 轻机枪要重，但是与同口径的 M240 通用机枪相比还是要轻上不少。

# 俄罗斯 PP-91 冲锋枪

PP-91 冲锋枪是由苏联于 20 世纪 90 年代研制的 9 毫米冲锋枪，1994 年开始服役。

| 基本参数 ||
|---|---|
| 口径 | 9 毫米 |
| 全长 | 530 毫米 |
| 枪管长 | 120 毫米 |
| 重量 | 1.57 千克 |
| 弹容量 | 20 发、30 发 |
| 相关简介 | |

## ▌▌▌★▶ 研发历史

PP-91 冲锋枪的原型是由叶夫根尼·德拉贡诺夫（SVD 狙击步枪的设计师）在 20 世纪 70 年代初期根据苏联军队的要求而设计的 PP-71 冲锋枪，但后来研制计划被搁置，直到 20 世纪 90 年代初期，俄罗斯警察认为需要增强他们在近距离战斗中的火力，才重新开展小型冲锋枪的计划。伊热夫斯克兵工厂的设计师对 PP-71 冲锋枪进行改进，其成果就是 PP-91 冲锋枪。1994 年，PP-91 冲锋枪开始在兹拉托乌斯特机械厂批量生产。

## ▌▌▌★▶ 实战性能

PP-91 冲锋枪以反冲作用及闭锁式枪机运作，这种设计比起使用开放式枪机的枪械有着更高的精确度。PP-91 全枪均由冲压钢板制作而成，枪身重约 1.6 千克。快慢机位于机匣右边，能够切换到半自动和全自动两种射击模式，在全自动模式时会以约 800 发 / 分的理论射速进行射击。该枪的供弹装置为 20 发或 30 发容量的双排弹匣，枪上的可折叠枪托可用于减轻后坐力。与许多现代冲锋枪一样，PP-91 冲锋枪也能装上激光瞄准器和抑制器。

### 🎖 趣味小知识

PP-91 冲锋枪的主要用户包括内务部、安全局、国家近卫军、麻药管制局、司法部和法警局等。

# 俄罗斯 PP-2000 冲锋枪

PP-2000 冲锋枪是由俄罗斯研制的 9 毫米冲锋枪，同时兼具冲锋手枪和个人防卫武器的特点，可发射多种 9×19 毫米鲁格弹。

枪口部位特写

枪托部位特写

### ▎▎▎▎▷ 研发历史

PP-2000 冲锋枪是为适应反恐作战需要而研制的冲锋枪。在与恐怖分子多年的作战中，俄罗斯陆军和特种部队体会到：作战小分队进入城区、山地或丛林地带作战，无法得到重武器火力支援，因而自身需要配备便携的强火力轻武器。图拉仪器设计局了解这种情况后，很快推出了 PP-2000 冲锋枪。2006 年，PP-2000 冲锋枪正式装备部队。

| 基本参数 | |
|---|---|
| 口径 | 9 毫米 |
| 全长 | 555 毫米 |
| 枪管长 | 182 毫米 |
| 重量 | 1.4 千克 |
| 弹容量 | 20 发、44 发 |
| 相关简介 | |

### ▎▎▎▎▷ 实战性能

PP-2000 冲锋枪是一种传统的后坐力操作的武器，适合进行高精度近距离射击。枪身由耐用的单块式聚合物所制造，可以减轻重量和提高耐腐蚀性，枪口可装消声器，机匣顶部的皮卡汀尼战术导轨可装红点镜或全息瞄准镜，快慢机可由大拇指直接操作，拉机柄可以左右转动。总的来说，PP-2000 冲锋枪的设计十分紧凑，从而减小了体积和重量，对提高人机工效、美观度和准确性也有帮助。

> **趣味小知识**
>
> PP-2000 冲锋枪的口径与西方国家流行的 9×19 毫米弹药通用，但主要是发射俄罗斯生产的 7N21 和 7N31 穿甲弹，显然是一种既照顾出口又考虑国内特种部队订单的武器。

# 俄罗斯 AK-74 突击步枪

AK-74 突击步枪是由苏联著名枪械设计师卡拉什尼科夫于 20 世纪 70 年代研制的突击步枪，由 AKM 突击步枪改良而成。

枪管组件特写

## 研发历史

20 世纪 60 年代，由于美国 M16 突击步枪的成功，许多国家都开始研制小口径步枪弹及武器。苏联两位枪弹设计师维克多·萨巴尼科夫与利迪亚·布拉夫斯科亚研制了一种 5.6×42 毫米口径的步枪弹，之后发展成 5.45×39 毫米步枪弹。同时，卡拉什尼科夫也开始对 AKM 突击步枪进行改进，缩小口径以发射小口径步枪弹，并研制了一些发射 5.45 毫米步枪弹的试验枪。经过对比后，苏军最终决定采用卡拉什尼科夫研制的突击步枪，新枪被命名为 AK-74 突击步枪，同时由于 5.45×39 毫米步枪弹也是在 1974 年开始批量生产，因此也被称为 1974 型步枪弹。

弹匣特写

| 基本参数 | |
|---|---|
| 口径 | 5.45 毫米 |
| 全长 | 943 毫米 |
| 枪管长 | 415 毫米 |
| 重量 | 3.3 千克 |
| 弹容量 | 20发、30发、45发 |
| 相关简介 | |

## 实战性能

由于使用小口径弹药并加装了枪口装置，AK-74 突击步枪的连发散布精度大大提高，不过单发精度仍然较低，而且枪口装置导致枪口火焰比较明显，尤其是在黑暗中射击。此外，AK 系列枪机撞击机匣的问题依然没有解决，且仍采用缺口式照门，射击精度仍低于一些西方枪械。但 AK-74 突击步枪仍不失为一把优秀的突击步枪，它使用方便，未经过训练的人都能很轻松地进行全自动射击。

# 俄罗斯 OTs-14 突击步枪

OTs-14 突击步枪是由俄罗斯现役的无托结构突击步枪，使用 9×39 毫米亚音速弹药。

## 研发历史

OTs-14 突击步枪的研制计划始于 1992 年 12 月，主设计师是维列里·捷列什和尤里·列别捷夫。研发团队以成熟的 AKS-74U 卡宾枪为基础，设计出一款结合了各种近身战斗枪械特点的新武器。在经过近一年的测试后，OTs-14 突击步枪在 1994 年年初开始批量生产，同年 4 月在莫斯科武器展销会中亮相。很快，OTs-14 突击步枪赢得了俄罗斯联邦内务部队和国防部旗下的特种部队的青睐。此后，该枪也被其他部队采用。

| 基本参数 | |
|---|---|
| 口径 | 9 毫米 |
| 全长 | 610 毫米 |
| 枪管长 | 240 毫米 |
| 重量 | 3.6 千克 |
| 弹容量 | 20 发 |
| 相关简介 | |

## 实战性能

    OTs-14 突击步枪是在 AKS-74U 卡宾枪的基础上改进而来，继承了后者的气动式活塞系统和转栓式枪机闭锁系统，以及气冷枪管、弹匣供弹等特性。OTs-14 突击步枪与 AKS-74U 卡宾枪有 75% 的部件是可以互换的，主要零件也是从 AKS-74U 卡宾枪改良所得，并有所简化，以降低生产成本。由于采取了模块化设计，OTs-14 突击步枪的任何型号都能通过更换零件迅速变成其他型号，以适应不同任务的需要。

主要部件

---

### 趣味小知识

    OTs-14 突击步枪采用了无托结构，提高了便携性，并使枪重量平衡，易于单手握持，并可以像手枪一样单手射击。

# 俄罗斯 AS 突击步枪

AS 突击步枪是由苏联于 20 世纪 80 年代研制的特种步枪，发射俄制 9×39 毫米特种弹药。AS 是 Avtomat Spetsialnij 的缩写，意为"特种突击步枪"。

扳机部位特写

### 基本参数

| 口径 | 9 毫米 |
| --- | --- |
| 全长 | 875 毫米 |
| 枪管长 | 200 毫米 |
| 重量 | 2.5 千克 |
| 弹容量 | 20 发 |
| 相关简介 |  |

## 研发历史

AS 突击步枪是由彼德罗·谢尔久科领导的研究小组在 20 世纪 80 年代后期研制，它与另一种名为 VSS 的微声狙击步枪为同一系列的武器。AS 突击步枪与 VSS 微声狙击步枪都是以小型突击步枪的机匣为基础研制而成，两者的主要区别是枪托和握把的不同。AS 突击步枪与 VSS 微声狙击步枪在 20 世纪 80 年代后期开始装备部队，均被俄罗斯的侦察部队和特种部队广泛采用。

## 实战性能

AS 突击步枪采用导气式工作原理，枪机回转闭锁方式，可拆卸的弧形双排盒式弹匣供弹。击锤式击发机构能实现单发或连发射击，保险机构可避免无意扣压扳机或枪膛未闭锁时出现走火。AS 突击步枪配有特制的枪口消声器，可降低射击噪声。它还配有折叠式枪托，并可安装 4 倍的光学瞄准镜和 3.46 倍的夜视瞄准具。该枪发射增强穿甲弹头枪弹时，能够击穿 5 毫米厚钢板或软蒙皮物质，可用于杀伤 400 米内穿有防弹衣的人员。

### 趣味小知识

AS 突击步枪采用整体式双室消音器，通过发射特制的亚音速重型弹头，比起有效射程相当的微声武器具有更低的噪声，但弹头的终点效能更大。

# 俄罗斯 SVD 狙击步枪

SVD 狙击步枪是由苏联枪械设计师德拉贡诺夫研制的半自动狙击步枪，1963年开始服役，主要用户为苏联和俄罗斯军队，另有 30 多个国家进行仿制或特许生产。

## ▶ 研发历史

1958 年，苏联提出设计一种半自动狙击步枪的构想，要求提高射击精度，又必须保证在恶劣环境下的可靠性，而且必须轻巧紧凑。1963年，苏军选中了由叶夫根尼·德拉贡诺夫设计的 SVD 半自动狙击步枪，用以代替老旧的莫辛－纳甘狙击步枪。由于 SVD 狙击步枪是基于二战和二战后的一些局部战争的经验开发，要求狙击步枪可以平衡精度、射速、重量、可靠、价格各个方面，而且当时的枪械制造技术也较为落后，因此以今天的作战需求来说已经过时了，常被认为只是精确射手步枪。为了应付不同的任务需要，俄罗斯目前正以各种不同的新型狙击步枪来代替单一的 SVD 狙击步枪。

| 基本参数 | |
|---|---|
| 口径 | 7.62 毫米 |
| 全长 | 1 225 毫米 |
| 枪管长 | 620 毫米 |
| 重量 | 4.3 千克 |
| 弹容量 | 800 发 |
| 相关简介 | |

## ▶ 实战性能

SVD 狙击步枪采用导气式工作原理，其发射机构可以看作 AK-47 突击步枪的放大版本，但是更加简单。为了提高射击精度，SVD 狙击步枪采用短行程活塞的设计，导气活塞单独地位于活塞筒中，在火药燃气压力下向后运动，撞击机框使其后坐，这样可以降低活塞和活塞连杆运动时引起的重心偏移。由于 SVD 狙击步枪发射的弹药威力比 AK-47 突击步枪配用的弹药威力大得多，因此重新设计了枪机机头，并强化以承受高压。不过由于只能单发射击，所以击发机构比较简单。

主要部件

### 趣味小知识

　　SVD 狙击步枪在准星座下方有一个刺刀座，可选择性地安装刺刀，这一点与目前绝大多数的狙击步枪不同。

# 俄罗斯 SV-98 狙击步枪

SV-98 狙击步枪是由俄罗斯枪械设计师弗拉基米尔·斯朗斯尔研制、伊兹马什公司生产的手动狙击步枪，以高精度著称。

## 研发历史

20 世纪 90 年代后期，俄罗斯军队已经装备 SVD 系列狙击步枪多年。虽然 SVD 狙击步枪有重量轻、坚固耐用的优点，在作为战术支援武器时颇为有效，但毕竟它是专为装备前线部队的特等射手而设计，并且是由 AK-47 突击步枪的结构改进而成，并没有考虑使用两脚架等辅助配件，因而在中远距离上的精度较差，不适合远距离的精确射击，也不适宜面对人质劫持之类的任务。因此，俄罗斯军队急需装备新型远程狙击步枪。1998 年，伊兹马什公司的枪械设计师弗拉基米尔·斯朗斯尔成功研制了 SV-98 手动狙击步枪。

| 基本参数 | |
|---|---|
| 口径 | 7.62 毫米 |
| 全长 | 1 200 毫米 |
| 枪管长 | 650 毫米 |
| 重量 | 5.8 千克 |
| 弹容量 | 10 发 |
| 相关简介 | |

## 实战性能

SV-98 狙击步枪质量较重，有利于减小跳动、提高射击稳定性；采用非自动发射方式，能避免枪机或枪管的运动影响射击精度；多挡位可调的脚架和枪托架，能在不同地形稳定架枪；灵活的枪托抵肩板和贴腮板，能让射击更舒适；可拆卸的消声器，既能减小暴露源，又能有效减小后坐；防反光带和消声器上的遮板，可降低被敌人发现的概率。

枪托组件

### 趣味小知识

与 SVD 和 VSS 狙击步枪强调战术灵活性不同，SV-98 狙击步枪的战术定位专一而明确：专供特种部队及执法机构在反恐行动、小规模冲突等场合使用，以隐蔽、突然的高精度射击火力狙杀白天 1000 米以内、夜间 500 米以内的重要有生目标。

# 俄罗斯 OSV-96 狙击步枪

OSV-96 狙击步枪是由俄罗斯图拉仪器设计局设计制造的重型半自动狙击步枪（反器材步枪），绰号"胡桃夹子"（Cracker）。

## 研发历史

OSV-96 狙击步枪是由 20 世纪 90 年代初图拉仪器设计局研制的 12.7 毫米 V-94 试验型反器材步枪改进而成，主要用途是打击距离超过 1 000 米的有生目标、反狙击、贯穿厚墙和轻型装甲战斗车辆。OSV-96 狙击步枪主要装备俄罗斯特种部队和在车臣的内政部部队，并出口国外。

| 基本参数 | |
| --- | --- |
| 口径 | 12.7 毫米 |
| 全长 | 1 746 毫米 |
| 枪管长 | 1 000 毫米 |
| 重量 | 11.7 千克 |
| 弹容量 | 5 发 |
| 相关简介 | |

## 实战性能

OSV-96 狙击步枪主要发射 12.7×108 毫米全金属被甲型及穿甲型狙击弹药，以及 B-32 型、BZT 型、BS 型等各式穿甲燃烧弹。此外，也可以通用 12.7 毫米大口径普通机枪弹，但精度会受到影响。该枪能够攻击距离超过 1 800 米的敌方人员，以及距离超过 2 500 米的战斗物资。OSV-96 狙击步枪的缺点是噪声过大，因此在射击时要佩戴耳塞。

### 趣味小知识

OSV-96 狙击步枪最明显的特点是它的枪身可以向右折叠，折叠后的枪身缩短至 1 154 毫米，方便储藏、携带和运输。

# 俄罗斯 KSVK 狙击步枪

KSVK 狙击步枪是由俄罗斯设计制造的重型无托结构狙击步枪（反器材步枪），主要用途是反狙击、贯穿厚墙和轻装甲车辆。

| 基本参数 | |
|---|---|
| 口径 | 12.7 毫米 |
| 全长 | 1 400 毫米 |
| 枪管长 | 1 000 毫米 |
| 重量 | 12 千克 |
| 弹容量 | 5 发 |
| 相关简介 | |

## 研发历史

KSVK 狙击步枪是由捷格佳廖夫设计局于 1997 年基于 SVN-98 试验型反器材步枪研发而来，它针对 SVN-98 的缺点进行了多项改进，如换装新型枪口制退器，增加可折叠的机械瞄准具，可发射专用狙击弹药等。20 世纪 90 年代末，KSVK 狙击步枪开始装备俄罗斯特种部队。

## 实战性能

KSVK 狙击步枪可以通用 12.7 毫米大口径普通机枪弹，也可以使用专门的高精度狙击弹，以提高在远距离上的射击精度。图拉弹药工厂为 KSVK 狙击步枪特别生产了 SPB-12.7 型高精度子弹，拥有不错的射击精度。即便不使用高精度狙击弹，KSVK 狙击步枪能在 300 米距离击中直径 16 厘米的圆靶。

### 趣味小知识

KSVK 狙击步枪的瞄准系统与 OSV-96 狙击步枪相同。

# 俄罗斯 VSS 狙击步枪

VSS 狙击步枪是由苏联于 20 世纪 80 年代研制的微声狙击步枪，VSS 是 Vinovka Snaiperskaja Spetsialnaya 的缩写，意为"特种狙击步枪"。

枪托部位特写

扳机部位特写

## 研发历史

VSS 狙击步枪其实就是 AS 突击步枪的狙击型，也是由彼德罗·谢尔久科领导的研究小组研制，1987 年开始服役。与 AS 突击步枪一样，VSS 狙击步枪也是专为特种部队研制，已经装备了俄罗斯的特种部队及执法机构的行动单位，而且在各地的武装冲突中得到了广泛的应用。

| 基本参数 | |
|---|---|
| 口径 | 9 毫米 |
| 全长 | 894 毫米 |
| 枪管长 | 200 毫米 |
| 重量 | 2.6 千克 |
| 弹容量 | 10 发、20 发 |
| 相关简介 | |

## 实战性能

VSS 狙击步枪是以 AS 突击步枪为基础改进而来，两者的结构原理完全一样。在外形上，两者的区别主要是枪托和握把的不同。VSS 狙击步枪取消了独立小握把，改为框架式的木质运动型枪托，枪托底部有橡胶底板。此外，两者的弹匣可以通用，但是 VSS 狙击步枪的标准配备是 10 发弹匣。AS 突击步枪虽然也可以发射 SP-6 和 PAB-9 穿甲弹，但主要发射便宜的 SP-5 普通弹。VSS 狙击步枪主要发射 SP-6 穿甲弹，但也可以发射 SP-5 普通弹。

### 趣味小知识

VSS 狙击步枪曾出现在军事模拟射击游戏《美国陆军 3》中，该游戏强调真实性，其声效、动作捕捉全部由陆军士兵实际演示完成，是志愿参军者入伍前的绝佳训练软件。

# 俄罗斯 VSK-94 狙击步枪

VSK-94 狙击步枪是由俄罗斯设计制造的轻型微声狙击步枪，其尺寸小巧，深受俄罗斯陆军侦察部队和反恐小分队的欢迎。

| 基本参数 | |
| --- | --- |
| 口径 | 9 毫米 |
| 全长 | 932 毫米 |
| 枪管长 | 230 毫米 |
| 重量 | 2.8 千克 |
| 弹容量 | 20 发 |
| 相关简介 | |

## 研发历史

20 世纪 90 年代初，俄罗斯图拉仪器设计局自主研发了一种警用近距离作战武器，设计目标是比 AKS-74U 突击步枪更轻、有更好的停止作用和侵彻能力，生产和维护成本也要更低。1994 年，设计完成的 9A-91 突击步枪在图拉兵工厂进行小批量生产，同年交付俄罗斯联邦内务部使用。之后，图拉仪器设计局又研制出 9A-91 突击步枪的狙击步枪版本，即 VSK-94 微声狙击步枪。

## 实战性能

VSK-94 狙击步枪的机匣采用低成本的金属冲压方式生产，以减少生产成本、所需的金属原料和生产所需的时间，且更容易进行维护及维修。该枪发射 9×39 毫米步枪弹，能对 400 米距离内的目标发动突袭。VSK-94 狙击步枪可以安装高效消音器，以便在射击时减小噪声，还能完全消除枪口焰，大大提高射手的隐蔽性和攻击的突然性。该枪的消音效果极好，在 50 米距离外所能听到的噪声很小。

### 趣味小知识

VSK-94 狙击步枪的枪托由塑料制成，可以更换，与小握把是一个整体，在底托上有橡胶垫，可以增强射击时的舒适性。

# 俄罗斯 VKS 狙击步枪

VKS 狙击步枪是由俄罗斯设计制造的重型无托微声狙击步枪（反器材步枪），发射 12.7×54 毫米亚音速步枪弹。

| 基本参数 | |
| --- | --- |
| 口径 | 12.7 毫米 |
| 全长 | 1 125 毫米 |
| 枪管长 | 450 毫米 |
| 重量 | 5 千克 |
| 弹容量 | 5 发 |
| 相关简介 | |

## 研发历史

VKS 狙击步枪是应俄罗斯联邦安全局特种部队的要求开发，2002 年完成设计，同年开始批量生产。该枪的设计意图是要取得比 9 毫米 VSS 狙击步枪更出色的微声射击和贯穿力。VKS 狙击步枪的主要攻击目标是 600 米范围内身穿重型防弹衣或是躲藏在汽车和其他坚硬掩体后方的敌人。

## 实战性能

VKS 狙击步枪采用无托结构，将枪机等主要部件放在手枪握把的背后，从而缩短了总长度而不缩短枪管长度，适合在城市反恐作战中使用。与手动步枪一样，VKS 狙击步枪需要以手动方式完成上膛和退膛动作。不过，VKS 狙击步枪使用的手动枪机并非旋转后拉式枪机，而是采用了并不常见的直拉式枪机。

### 趣味小知识

VKS 狙击步枪的钢质机匣采用金属冲压加工的方式制作而成，机匣前部上方两侧设有 6 个大型散热孔。

# 俄罗斯PK通用机枪

PK通用机枪是由苏联著名枪械设计师卡拉什尼科夫于20世纪60年代设计的用于取代老旧的RPD机枪和SG-43机枪的通用机枪，意为"Pulemyot Kalashnikova"（卡拉什尼科夫机枪）。

| 基本参数 | |
|---|---|
| 口径 | 7.62 毫米 |
| 全长 | 1 203 毫米 |
| 枪管长 | 605 毫米 |
| 重量 | 9 千克 |
| 弹容量 | 50发、100发、200发 |
| 相关简介 | |

## 研发历史

PK系列通用机枪是卡拉什尼科夫于20世纪60年代根据AK-47突击步枪工作原理设计的通用机枪，1961年先是少量装备苏军的机械化步兵连，1966年后，苏军正式用PK通用机枪代替RP-46连用机枪及SGM营属机枪，其后原华沙条约国家也相继装备PK系列通用机枪。PK系列通用机枪有多种型号，可以完成不同的功能。用两脚架作轻机枪状态的称为PK，配轻型三脚架作重机枪状态的称为PKS，在坦克上作并列机枪的称为PKT，在装甲输送车上的机枪称为PKB。

## 实战性能

PK通用机枪是由AK-47突击步枪改进而成，两者的气动系统和回转式枪机闭锁系统比较相似。为了降低重量，PK通用机枪的枪机容纳部采用了钢板压铸成型法制造，在枪托中央也进行了挖空处理，并在枪管外围刻上许多沟纹，这些减重措施的效果非常明显，该枪的重量仅为9千克，改进型的PKM（1969年）更是仅为8.4千克。PK通用机枪采用的是7.62×54毫米弹药，弹链供弹，弹链从机匣的右边进入，弹壳从左侧排出。

# 俄罗斯 Pecheneg 通用机枪

Pecheneg（佩切涅格）是由俄罗斯中央研究精密机械制造局研制的现代化通用机枪，发射 7.62×54 毫米步枪弹。

枪管组件

枪托

| 基本参数 | |
| --- | --- |
| 口径 | 7.62 毫米 |
| 全长 | 1 200 毫米 |
| 枪管长 | 658 毫米 |
| 重量 | 8.2 千克 |
| 弹容量 | 100 发、200 发 |
| 相关简介 | |

## 研发历史

Pecheneg 通用机枪是由中央研究精密机械制造局于 20 世纪 90 年代在 PKM 通用机枪的基础上改进而来的 7.62 毫米口径通用机枪，1999 年开始装备部队，主要用户为俄罗斯陆军和执法机构的部分特种部队。

## 实战性能

Pecheneg 通用机枪与 PKM 机枪有 80% 的零件可以通用，Pecheneg 通用机枪最主要的改进是使用了一根具有纵向散热开槽的重型枪管，从而消除在枪管表面形成上升热气以及保持枪管冷却，令 Pecheneg 通用机枪更准确更可靠。此外，Pecheneg 通用机枪能够在机匣左侧的瞄准镜导轨上，安装上各种光学瞄准镜或夜视瞄准镜。Pecheneg 通用机枪能够保持 1 000 发 / 分的持续射速，或以 50 发 / 分的长点射速度连续射击 600 发子弹，且不会缩短枪管寿命，所有枪管的寿命约为 30 000 发。

# 英国 SA80 突击步枪

SA80 突击步枪是一款采用 5.56×45 毫米北约弹药的英国无托结构突击步枪，发射 5.56×45 毫米北约标准弹弹药。

| 基本参数 | |
| --- | --- |
| 口径 | 5.56 毫米 |
| 全长 | 785 毫米 |
| 枪管长 | 518 毫米 |
| 重量 | 3.82 千克 |
| 弹容量 | 30 发 |
| 相关简介 | |

## 研发历史

SA80 突击步枪的研制最早可以追溯到 20 世纪 70 年代，英军从 20 世纪 80 年代中期开始将其列为制式武器，以代替 FN FAL 系列的 L1A1 步枪。SA80 突击步枪的英国军方编号为 L85。时至今日，改进型号的 L85A2 仍在英军中服役。此外，L86 轻型支援武器、L22 卡宾枪和 L98 教练用枪都是 SA80 系列的成员。

## 实战性能

SA80 突击步枪结构简单，分解结合也简便，不需任何专用工具。机匣为冲压件，分为上机匣和下机匣。发射机构为完整的组件，组装在一个冲压成型的框架内，并通过一个小的底板用两个销钉与机匣联结。SA80 的自动方式为导气式，闭锁方式为枪机回转式。该枪配备的附件还有枪背带、刺刀、空包弹发射辅助装置、擦拭工具和一种多功能工具。

> **趣味小知识**
>
> SA80 突击步枪的刺刀采用不锈钢铸成，筒形中空刀柄可插在消焰器上，贯通式的设计使得安上刺刀后也能开枪。

# 英国 AW 狙击步枪

AW 狙击步枪是由英国研制的手动狙击步枪，AW 是 Arctic Warfare 的缩写，意为"北极作战"。AW 狙击步枪有多种衍生型号，在军队、警察和民间均很普及。

| 基本参数 | |
|---|---|
| 口径 | 7.62 毫米 |
| 全长 | 1 180 毫米 |
| 枪管长 | 660 毫米 |
| 重量 | 6.5 千克 |
| 弹容量 | 800 发 |

相关简介

## 研发历史

为取代已过时的 L42A1 狙击步枪，英国于 1982 年为新的狙击手武器系统招标。在最终的筛选过程中，精密国际公司的 PM 步枪淘汰了帕克黑尔公司的 M85 步枪，被英国军方正式列装，代号 L96A1。PM 步枪装备部队后，精密国际公司仍根据英军提出的要求继续改进，新的改进型 AW 于 1988 年开始服役。AW 狙击步枪原本只有 7.62 毫米北约口径型，1998 年又推出了 5.56 毫米北约口径型。精密国际公司以 AW 狙击步枪为基础，陆续推出了一系列不同类型的狙击步枪，包括警用型 AWP、消声型 AWS、马格南型 AWM 和 .50 BMG 口径型 AW50 等。此外，上述型号中均有被称为 F 型的折叠枪托型，如 AW-F 或 AWM-F。

## 实战性能

AW 狙击步枪的枪机操作快捷，只需向上旋转 60 度和拉后 107 毫米，这种设计的优点很明显：射手在操作枪机时头部能始终靠在托腮处，因而狙击手可以一边保持瞄准镜中的景象一边抛出弹壳和推弹进膛。而且该枪机还具有防冻功能，即使在零下 40℃的温度中仍能可靠地运作，而这一点也是英军特别要求的。事实上，"北极作战"的名称便源于其在严寒气候下良好的操作性。据称，AW 狙击步枪能达到 0.75 MOA 的精度，在 550 米距离上发射比赛弹的散布直径能小于 51 毫米。

# 法国 FAMAS 突击步枪

FAMAS 突击步枪是由法国于 20 世纪 60 年代研制的无托结构突击步枪，被法国军队及警队选作制式突击步枪，阿根廷、菲律宾、印度尼西亚等多个国家也有采用。

| 基本参数 | |
| --- | --- |
| 口径 | 5.56 毫米 |
| 全长 | 757 毫米 |
| 枪管长 | 488 毫米 |
| 重量 | 3.8 千克 |
| 弹容量 | 25 发 |
| 相关简介 | |

## 研发历史

FAMAS 突击步枪于 1967 年开始研制，主设计师是轻武器专家保罗·泰尔，研制目标是既能取代 9 毫米 MAT49 冲锋枪和 7.5 毫米 MAS 49/56 步枪，又能取代一部分轻机枪。1971 年，圣艾蒂安兵工厂提交了样枪，供法国步兵团试验。经过两年的试验后，圣艾蒂安兵工厂又对某些部件做了修改，并增加了 3 发点射控制装置。FAMAS 突击步枪最初的型号为 FAMAS F1，之后又有 FAMAS G1、FAMAS G2 和 FAMAS Félin 等改进型。1979 年，法国陆军伞兵部队率先装备了第一批 FAMAS 突击步枪。

## 实战性能

FAMAS 突击步枪采用延迟后坐式自动原理，整个枪体都采用层压技术制造，钢制零件都进行了表面磷化处理，轻合金制成的机匣则进行了阳极化处理。该枪不需要安装附件，就可发射枪榴弹。FAMAS 突击步枪的缺点在于子弹太少，火力持续性差。瞄准基线较高，如果加装瞄准镜会更高，不利于隐蔽。此外，其枪膛靠后，离射手头部较近，发射时噪声大，抛出的弹壳和烟雾会影响射手。

# 法国 FR-F2 狙击步枪

FR-F2 狙击步枪是由 7.62 毫米 FR-F1 狙击步枪的改进型，从 20 世纪 80 年代中期开始逐步取代 FR-F1 装备法国军队，目前仍是法国军队的主要武器之一。

| 基本参数 | |
|---|---|
| 口径 | 7.62 毫米 |
| 全长 | 1 200 毫米 |
| 枪管长 | 650 毫米 |
| 重量 | 5.3 千克 |
| 弹容量 | 10 发 |

相关简介

## 研发历史

FR-F2 狙击步枪是法国地面武器工业公司（GIAT）在 7.62 毫米 FR-F1 狙击步枪的基础上改进而成的，1984 年年底完成设计定型，从 20 世纪 80 年代中期开始逐步取代 FR-F1，装备法国军队直到现在，装备级别和战术使命与 FR-F1 完全相同。由于 FR-F2 的射击精度很高，从 20 世纪 90 年代开始便成为法国反恐部队（如法国宪兵特勤队）的主要装备之一，用于在较远距离上打击重要目标，如恐怖分子中的主要人物、劫持人质的要犯等。

## 实战性能

FR-F2 狙击步枪的基本结构如枪机、机匣、发射机构都与 FR-F1 狙击步枪一样。主要改进之处是改善了武器的人机工效，如在前托表面覆盖无光泽的黑色塑料；两脚架的架杆由两节伸缩式架杆改为三节伸缩式架杆，以确保枪在射击时的稳定，有利于提高命中精度。另外在枪管外增加了一个用于隔热的塑料套管，目的是减少使用时热辐射或因热辐射产生的薄雾对瞄准镜及瞄准视线的干扰，同时还降低了武器的红外特征，便于隐蔽射击。

### 趣味小知识

FR-F2 狙击步枪没有机械瞄准具，只能用光学瞄准镜进行瞄准射击，除配有 4 倍白光瞄准镜，还配有夜间使用的微光瞄准镜，从而使其具有全天候使用性能。

# 德国 HK MP5 冲锋枪

HK MP5 冲锋枪是由德国黑克勒·科赫公司于 20 世纪 60 年代研制的冲锋枪，也是黑克勒·科赫公司最著名及制造量最多的枪械产品。

| 基本参数 | |
| --- | --- |
| 口径 | 9 毫米 |
| 全长 | 680 毫米 |
| 枪管长 | 225 毫米 |
| 重量 | 2.54 千克 |
| 弹容量 | 15 发、30 发 |
| 相关简介 | |

## 研发历史

HK MP5 冲锋枪的设计源于 1964 年黑克勒·科赫公司的 HK 54 冲锋枪项目，以 HK G3 自动步枪的设计缩小而成。1966 年，该枪被前联邦德国采用后，正式命名为 HK MP5。1977 年 10 月 17 日，德国特种部队在摩加迪沙反劫机行动中使用了 HK MP5 冲锋枪，4 名恐怖分子均被击中，3 人当即死亡，1 人重伤，人质获救，HK MP5 冲锋枪在近距离内的命中精度得到证明。此后，德国各州警察相继装备 HK MP5 冲锋枪，而国外的警察、军队特别是特种部队都注意到 HK MP5 冲锋枪的高命中精度，于是出口逐渐增加。时至今日，HK MP5 冲锋枪几乎成了反恐特种部队的标志。

## 实战性能

与 HK MP5 同时期研制的冲锋枪普遍采用自由后坐式，以便大量生产，但由于枪机质量较差，射击时枪口跳动较大，准确性不佳，而 HK MP5 采用 HK G3 系列结构复杂的闭锁枪机，且采用传统滚柱闭锁机构来延迟开锁，射击时枪口跳动较小。因此，HK MP5 的性能尤为优越，特别是半自动、全自动射击精度相当高，而且射速快、后坐力小、重新装弹迅速，完全弥补了威力不足的缺点。

### 趣味小知识

2019 年 2 月，沙特王储穆罕默德·本·萨勒曼到访巴基斯坦。巴基斯坦方面向沙特王储赠送了一把 HK MP5 冲锋枪，这支枪经过改装，外表镀金，枪身刻有精心设计的图案。

# 德国 HK MP7 冲锋枪

HK MP7 冲锋枪是由德国黑克勒·科赫公司于 20 世纪 90 年代末期研发的个人防卫武器，其使用者主要是警察、特警队及特种部队，如美国海军"海豹"六队便装备了 MP7A1 型。

| 基本参数 | |
| --- | --- |
| 口径 | 4.6 毫米 |
| 全长 | 638 毫米 |
| 枪管长 | 180 毫米 |
| 重量 | 1.2 千克 |
| 弹容量 | 40 发 |
| 相关简介 | |

## 研发历史

1989 年 4 月，北约组织提出在 2000 年后需要个人防卫武器的提案。黑克勒·科赫公司除了将 MP5K 改良，推出 MP5K PDW 之外，同时还研发新的无壳弹手枪作为新的个人防卫武器方案，完成了 G11 PDW 无壳弹手枪，不过并没有正式量产，这项计划最后也被取消。直到 1993 年，英国皇家军械公司开始与黑克勒·科赫公司展开一项新的 PDW 武器计划，由前者研发新弹药，后者则负责研发新枪。2001 年，黑克勒·科赫公司终于正式发表了全新的武器，一开始并没有给它正式名称，直到正式量产时才将其命名为 HK MP7。

## 实战性能

HK MP7 冲锋枪的外形与手枪相似，射击时除了可将枪托拉出抵肩射击之外，经过训练的射手更可以手枪的使用方法来射击。由于枪身短小，所以也适用于室内近距离作战及要员保护。HK MP7 冲锋枪大量采用塑料作为枪身主要材料，瞄准方式则采用折叠式的准星照门，不过上机匣也装上了标准的 M1913 导轨，允许使用者自行加装各式瞄准装置。HK MP7 冲锋枪发射 4.6×30 毫米弹药，这种弹药有重量轻和后坐力低的优点，可提供足够的穿透力，有效射程也比 9 毫米弹药远，只是制止能力有所欠缺。

# 德国 HK UMP 冲锋枪

　　HK UMP( Universal Machine Pistol, 意为"通用冲锋枪")是由德国黑克勒·科赫公司于 1998 年推出的一款冲锋枪，可使用 11.43×23 毫米、10×22 毫米和 9×19 毫米等弹药。

## 研发历史

　　20 世纪 90 年代，由于 11.43 毫米子弹的高制止力，美国特种部队开始换装 11.43 毫米子弹的手枪，以取代制止力不足的 9 毫米手枪。不过，特种部队的主要武器仍然是 9 毫米子弹的 HK MP5 冲锋枪，使用 HK MP5 对付较为难缠的敌人时，常常无法进行有效压制，而且与手枪使用的 .45 ACP 弹药不同，增加了弹药后勤补给上的不便，于是他们希望能改用 11.43 毫米的冲锋枪作为制式武器，不过当时市面上并没有适合特种作战的 11.43 毫米冲锋枪。因此，黑克勒·科赫公司研制了一款采用 11.43 毫米冲锋枪——HK UMP，在一连串的试验之后，证明了新枪性能优良，完全符合特种作战的要求。

| 基本参数 | |
|---|---|
| 口径 | 9 毫米 |
| 全长 | 450 毫米 |
| 枪管长 | 200 毫米 |
| 重量 | 2.3 千克 |
| 弹容量 | 30 发 |
| 相关简介 | |

## 实战性能

　　HK UMP 冲锋枪舍弃了 HK MP5 冲锋枪传统的半自由式枪机，改用自由式枪机，并使用闭锁式枪机，以确保射击精度，并安装了减速器，把射速控制在 600 发 / 分，不过在发射高压弹时，射速会提高到 700 发 / 分。HK UMP 冲锋枪的顶部、两侧及下侧都可以很方便地安装上 RIS 导轨，任何符合美国 MIL-STD-1913 军用标准的辅助装置都可以安装在导轨上，如小握把、瞄准镜、战术灯、激光瞄准具等。试验证明，HK UMP 冲锋枪的可靠性很好，射击精度也相当高，尽管 11.43×23 毫米弹药的后坐力较大，但连发时的后坐力却相当低。

# 德国 HK G36 突击步枪

HK G36 突击步枪是由德国黑克勒·科赫公司（H&K）在 1995 年推出的现代化突击步枪，是德国国防军自 1995 年以来的制式步枪。除了德国国防军以外，该枪还是其他多个国家军队及警队的武器。

## 研发历史

20 世纪 90 年代，德国联邦国防军提出新的制式步枪计划，以取代 7.62×51 毫米的 HK G3 步枪。1993 年 9 月，由德国联邦国防技术署对多种突击步枪进行评选，许多枪型因为未达到标准而遭到淘汰，只剩下德国本土的 HK50、奥地利的 AUG 和英国的 L85A1，其中 L85A1 因为故障率太高最先被淘汰，而 AUG 也因为它的两段式扳机系统而落败，最终由 HK50 胜出。经过这次评选之后，德国联邦国防军在 1995 年决定采用 HK50，并要求黑克勒·科赫公司对它进行改良，并将军用代号设为 Gewehr 36（36 号步枪），简称 G36 突击步枪。

| 基本参数 | |
| --- | --- |
| 口径 | 5.56 毫米 |
| 全长 | 999 毫米 |
| 枪管长 | 480 毫米 |
| 重量 | 3.63 千克 |
| 弹容量 | 30 发、100 发 |
| 相关简介 | |

## 实战性能

HK G36 突击步枪大量使用高强度塑料，质量较轻、结构合理、操作方便，"模块化"设计大大提高了它的战术性能。其模块化优势体现在，只用一个机匣，变换枪管、前护木就能组合成 MG36 轻机枪、G36C 短突击步枪、G36E 出口型、G36K 特种部队型和 G36 标准型等多种不同用途的突击步枪。由于步枪的射击活动部件大都在机匣内，多种枪型使用同一机匣，步枪的零配件大为减少。在战场上，轻机枪的枪机打坏了，换上短突击步枪的枪机就可以使用。

### 趣味小知识

HK G36 突击步枪有单发、二连发、三连发和全自动发射模式，具体情况取决于不同型号的扳机组。

# 德国 HK 416 突击步枪

　　HK 416 突击步枪是由德国黑克勒·科赫公司在 HK G36 突击步枪和 M4 卡宾枪的基础上改进而来的突击步枪。

主要部件

| 基本参数 | |
|---|---|
| 口径 | 5.56 毫米 |
| 全长 | 690 毫米 |
| 枪管长 | 228 毫米 |
| 重量 | 2.95 千克 |
| 弹容量 | 30 发 |

相关简介

## ▌▌▌★ 研发历史

　　HK 416 突击步枪由德国黑克勒·科赫公司研制，项目负责人为美国"三角洲"特种部队退伍军人拉利·维克斯（Larry Vickers），该项目原本称为 HK M4，但因柯尔特公司拥有 M4 系列卡宾枪的商标专利，所以黑克勒·科赫公司将其改称为 HK 416。黑克勒·科赫公司曾欲以 HK 416 参与美国特种作战司令部"特种部队战斗突击步枪"（SOF Combat Assault Rifle，SCAR）项目的竞标，但未能成功。HK 416 突击步枪被多个国家的特种部队采用，包括美国"三角洲"特种部队和"海豹"突击队。

## ▌▌▌★ 实战性能

　　由于 HK 416 突击步枪沿用了 M16 枪系的一些结构，且外形也与之相似，所以对惯用 M16 枪系的人来说很容易上手。HK 416 曾在美国陆军位于亚历桑那州的地面武器试验场进行可靠性试验，在多种极端环境下，不同类型的枪管、不同类型的弹药、安装或不安装消声器所表现出来的可靠性都比 M16 系列高，甚至可以在水下射击，美军同级枪械 M4A1 CQBR、M16A4 只要枪机进水，就会炸膛，而 HK 416 突击步枪完全没有问题，而且射击时几乎没有热量和火药燃气（污物）传至枪机。

# 德国 PSG-1 狙击步枪

PSG-1狙击步枪是由德国黑克勒·科赫公司于20世纪70年代研制的半自动狙击步枪,主要使用者为德国警察部队和特种部队。

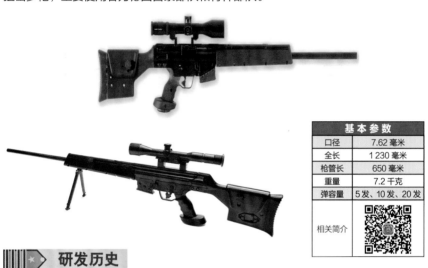

| 基本参数 | |
|---|---|
| 口径 | 7.62 毫米 |
| 全长 | 1 230 毫米 |
| 枪管长 | 650 毫米 |
| 重量 | 7.2 千克 |
| 弹容量 | 5发、10发、20发 |
| 相关简介 | |

## 研发历史

1972年9月在德国慕尼黑举行的第20届奥运会上,恐怖组织制造了一起奥运史上罕见的惨剧。当时,缺乏专业狙击武器的德国警察无法迅速与恐怖分子交战,造成人质大量伤亡。之后,黑克勒·科赫公司受命研发一种高精度、弹匣容量大、适合警用的半自动狙击步枪,并最终在HK G3自动步枪的基础上开发出了PSG-1狙击步枪。除本国使用外,还出口到英国、美国、加拿大、日本、西班牙、挪威、波兰和委内瑞拉等国。

## 实战性能

PSG-1狙击步枪大量使用高技术材料,并采用模块化结构,各部件的组合很合理,人机工效设计比较优良。比如扳机护圈比较宽大,射手可以戴手套进行射击;重心位于枪的中心位置,全枪稳定性较好;全枪长度较短,肩背时不易挂住障碍物,射手可以随意坐下或在林间穿行。PSG-1狙击步枪的精度极佳,出厂试验时每一支步枪都要在300米距离上持续射击50发子弹,而弹着点必须散布在直径8厘米的范围内。PSG-1狙击步枪的缺点在于重量较大,不适合移动使用。此外,其子弹击发之后弹壳弹出的力量相当大。

# 德国 DSR-1 狙击步枪

DSR-1 狙击步枪是由德国 DSR- 精密公司（DSR-Precision）研制的紧凑型无托狙击步枪，2000 年开始批量生产。

## 研发历史

DSR-1 是"1 号防御狙击步枪"（Defensive Sniper Rifle No.1）之意。该枪由现已停止生产的埃尔玛 SR-100 狙击步枪改进而成，主要供警方神射手使用。2004 年之前，位于奥本多夫的德国 AMP 技术服务公司（AMP Technical Services）也生产和销售过 DSR-1 狙击步枪。除德国联邦警察第 9 国境守备队（GSG-9）和特别行动突击队（SEK）以外，奥地利 GEO 特警队、爱沙尼亚警察部队、卢森堡特警部队、拉脱维亚军队、马来西亚皇家空军反恐特种部队和西班牙警察部队等单位也采用了 DSR-1 狙击步枪。

| 基本参数 | |
|---|---|
| 口径 | 7.62 毫米 |
| 全长 | 990 毫米 |
| 枪管长 | 650 毫米 |
| 重量 | 5.9 千克 |
| 弹容量 | 4 发、5 发 |
| 相关简介 | |

## 实战性能

DSR-1 狙击步枪大量采用了高技术材料，如铝合金、钛合金、高强度玻璃纤维复合材料，既减轻了重量，又保证了武器的坚固性和可靠性。该枪的精度很高，据说小于 0.2 MOA。对于旋转后拉式步枪来说，采用无托结构时由于拉机柄的位置太靠后，往往会造成拉动枪机的动作幅度较大和用时较长，但由于 DSR-1 狙击步枪的定位是警用狙击步枪，强调首发命中而非射速，用在正确的场合时这个缺点并不明显。

### 趣味小知识

由于没有机械瞄具，DSR-1 狙击步枪必须利用机匣顶部的皮卡汀尼战术导轨安装日间 / 夜间光学狙击镜、红点镜、全息瞄准镜、夜视镜、热成像仪或其他战术配件。

# 比利时 FN P90 冲锋枪

FN P90 冲锋枪是比利时国营赫斯塔尔公司于 1990 年推出的个人防卫武器，P90 是 Project 90 的简写，意即 90 年代的武器专项。

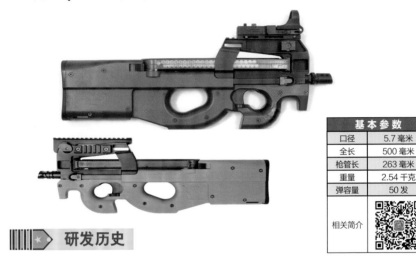

| 基本参数 | |
| --- | --- |
| 口径 | 5.7 毫米 |
| 全长 | 500 毫米 |
| 枪管长 | 263 毫米 |
| 重量 | 2.54 千克 |
| 弹容量 | 50 发 |
| 相关简介 | |

## 研发历史

1986 年，美国战备协会提出了"单兵防御武器"计划，具体要求是重量轻，易于携带，容易瞄准和操作，能有效对付防弹衣。针对这一需求，比利时国营赫斯塔尔公司成功研制出 FN P90 冲锋枪，1990 年开始批量生产。由于冷战结束，FN P90 冲锋枪并没有接到预期中的大量军方订单，但仍被其他单位采用。时至今日，装备 FN P90 冲锋枪的国家已达数十个，使用者多为特种部队或特警部队。

## 实战性能

FN P90 冲锋枪能够有限度地同时取代手枪、冲锋枪及短管突击步枪等枪械，它使用的 5.7×28 毫米子弹能把后坐力降至低于手枪，而穿透力还能有效击穿手枪不能击穿的、具有四级甚至五级防护能力的防弹背心等个人防护装备。FN P90 冲锋枪的枪身重心靠近握把，有利于单手操作并灵活地改变指向。经过精心设计的抛弹口，可确保各种射击姿势下抛出的弹壳都不会影响射击。水平弹匣使得 FN P90 冲锋枪的高度大大减小，卧姿射击时可以尽量伏低。

> **趣味小知识**
>
> FN P90 冲锋枪的野战分解非常容易，经简单训练就可在 15 秒内完成不完全分解，方便保养和维护。

# 比利时 FN FAL 自动步枪

FN FAL 自动步枪是由比利时赫尔斯塔尔国营工厂（FN）于 20 世纪 50 年代研制的自动步枪。

| 基本参数 | |
|---|---|
| 口径 | 7.62 毫米 |
| 全长 | 1090 毫米 |
| 枪管长 | 533 毫米 |
| 重量 | 4.25 千克 |
| 弹容量 | 20 发 |
| 相关简介 | |

## 研发历史

FN FAL 源于二战结束后英国的新型步枪研制计划，最初设计使用 7.92×33 毫米中间型威力枪弹，根据英国的要求改成 7×43 毫米口径。时逢北约为简化后勤供应进行弹药通用化选型，FN 公司最终决定采用 7.62×51 毫米 NATO 标准枪弹。在美国军方的新步枪选型试验中，春田兵工厂的 T44（即 M14）胜出，而 FN FAL 不幸落选，但却被其他许多国家选为制式步枪。

## 实战性能

FN FAL 自动步枪采用气动式工作原理，枪机偏移式闭锁方式。导气装置位于枪管上方，导气箍前端有可调整的螺旋气体调节器，可根据不同的环境状况来调整枪弹发射时进入导气装置的火药气体压力，可选择发射枪榴弹。FN FAL 单发精度高，但由于使用的弹药威力大，射击时后坐力大使连发射击时难以控制，存在散布面较大的问题。不过瑕不掩瑜，由于 FN FAL 工艺精良、可靠性好，成为装备国家最广泛的军用步枪之一。

### 趣味小知识

在 20 世纪 60 年代到 70 年代，FN FAL 自动步枪是西方雇佣兵最爱的武器之一，因此被美国的雇佣兵杂志誉为"20 世纪最伟大的雇佣兵武器之一"。

# 比利时 FN F2000 突击步枪

FN F2000 突击步枪是由比利时赫尔斯塔尔国营工厂于 20 世纪 90 年代研制的突击步枪，已被不少国家的特种部队采用。

| 基本参数 | |
|---|---|
| 口径 | 5.56 毫米 |
| 全长 | 688 毫米 |
| 枪管长 | 400 毫米 |
| 重量 | 3.6 千克 |
| 弹容量 | 30 发 |
| 相关简介 | |

## 研发历史

FN F2000 突击步枪的研制始于 1995 年，当时 FN 公司着手研制一种新的武器系统，考虑到未来特种作战的需要，公司将模块化思想从始至终地贯穿到这个新产品的开发中。为满足士兵在战场环境中很容易更换部件来适应不同情况的需求，该枪可以非常方便地更换各个模块，而且还为未来可能出现的新型部件留下了接口。FN F2000 突击步枪的首次亮相是在 2001 年 3 月的阿联酋阿布扎比举行的 IDEX 展览会上。

## 实战性能

FN F2000 突击步枪采用混合式发射模式选择钮及前置式抛壳口，由一段经机匣内部、枪管上方的弹壳槽导引至枪口上抛壳并向右自然排出，解决了左手射击时弹壳抛向射手面部及气体灼伤的问题。该枪射击时首发弹壳会留在弹壳槽内，射击至第三、四发后首发弹壳才会排出。FN F2000 突击步枪的附件包括可折叠的两脚架及可选用的装手枪口上的刺刀卡笋，而且还可根据实际需求在 M1913 导轨上安装夜视瞄具。此外，FN F2000 突击步枪还可配用未来的低杀伤性系统。

### 趣味小知识

由于 FN F2000 突击步枪大量使用工程塑料，重量比 FAMAS、AUG 和 SA80 等著名无托结构突击步枪更轻，所以非常适合特种部队使用。

# 比利时 FN SCAR 突击步枪

FN SCAR 是比利时国营赫斯塔尔公司为了参加美国特种作战司令部"特种部队战斗突击步枪"（SOF Combat Assault Rifle，SCAR）项目而制造的突击步枪，2009 年开始服役。

弹匣

SCAR-L 步枪

握把

## ⫸ 研发历史

FN SCAR 突击步枪由赫斯塔尔公司美国南加州哥伦比亚厂制造。该枪有两种主要版本，即 SCAR-L（Light，轻型版）和 SCAR-H（Heavy，重型版），分别被美国特种作战司令部命名为 Mk 16 Mod 0 和 Mk 17 Mod 0。两种版本都可以改装成"狙击形态"或"近战形态"。因为采用了模块化设计，所以 FN SCAR 可以在两种口径之间灵活变换。2004 年 11 月，美国特种作战司令部正式宣布 FN SCAR 在 SCAR 项目竞争中胜出，并给出第二批 SCAR 样枪的生产合同。

| 基本参数 | |
|---|---|
| 口径 | 5.56 毫米 |
| 全长 | 787 毫米 |
| 枪管长 | 254 毫米 |
| 重量 | 3.04 千克 |
| 弹容量 | 20 发 |
| 相关简介 | |

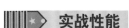 实战性能

　　FN SCAR 步枪的铝质外壳上方有全尺寸的战术导轨，两个可拆式导轨在侧面，下方还可挂载任何 MIL-STD-1913 标准的相容配件，握把部分和 M16 用的握把可互换，弹匣和弹匣释放钮与 M16 相同，前准星可以折下，不会挡到瞄准镜或是光学瞄准器。FN SCAR 步枪使用的气体闭锁系统类似早期的 M1 卡宾枪，与 Stoner 63 或 HK G36 等现代突击步枪差别较大。SCAR-L 发射 5.56×45 毫米北约标准弹，使用类似于 M16 的弹匣，只不过是钢材制造，虽然比 M16 的塑料弹匣更重，但是强度更高，可靠性也更好。SCAR-H 发射威力更大的 7.62×51 毫米北约标准弹，使用 FN FAL 的 20 发弹匣，不同枪管长度可以用于不同的模式。

使用 FN SCAR 突击步枪的"海豹"突击队员

趣味小知识

　　FN SCAR 可加装榴弹发射器，比利时国营赫斯塔尔公司内部称其为"增强型榴弹发射器模块（EGLM），对外称其为 FN40GL，美国特种作战司令部则将其命名为 Mk 13 MOD 0 下挂榴弹发射器。

# 比利时 FN MAG 通用机枪

FN MAG 通用机枪是比利时于 20 世纪 50 年代研制的通用机枪，发射 7.62 × 51 毫米北约标准步枪弹，已经被数十个国家采用。

| 基本参数 | |
| --- | --- |
| 口径 | 7.62 毫米 |
| 全长 | 1 263 毫米 |
| 枪管长 | 630 毫米 |
| 重量 | 12.5 千克 |
| 枪口初速 | 853 米 / 秒 |
| 相关简介 | |

## 研发历史

二战以后，许多国家的设计人员都试图利用德国 MG42 通用机枪的原理，生产出自己的通用机枪。20 世纪 50 年代初期，比利时国营赫斯塔尔公司的枪械设计师欧内斯特·费尔菲成功研发了一种通用机枪，也就是 FN MAG 通用机枪。这种机枪已被美国、英国、加拿大、比利时和瑞典等数十个国家采用，是西方国家装备的主要机枪之一，总数超过 20 万挺。其中，美国军队装备的版本被命名为 M240，20 世纪 80 年代中期开始服役。目前，美国特种部队使用的型号主要是 M240B 和 M240G。

## 实战性能

FN MAG 通用机枪可作轻、重机枪使用，战术用途广，结构坚固，动作可靠。该枪采用导气式工作原理、闭锁杆起落式闭锁机构。自动机系仿美国勃朗宁 M1918 式 7.62 毫米自动步枪，闭锁杆起落式闭锁机构的闭锁部位有所改动。弹链供弹机构照搬德国 MG42 机枪双程供弹装置。平时配两脚架，需要时可以装在三脚架式高射架上射击。

### 趣味小知识

FN MAG 通用机枪比同时期其他机枪更优秀之处在于其枪管下方的气体排出孔处具有气体调节器。气体调节器与导气装置一样位于枪管下方的气动活塞前方，装在导气箍中，与气体调节器气塞相连，为可调整的螺旋式设计。

# 奥地利 AUG 突击步枪

AUG 突击步枪是由奥地利斯泰尔·曼利夏公司于 1977 年推出的突击步枪，由于设计优良、外形美观，许多国家的特种部队都装备了这种武器。

| 基本参数 | |
| --- | --- |
| 口径 | 5.56 毫米 |
| 全长 | 790 毫米 |
| 枪管长 | 508 毫米 |
| 重量 | 3.6 千克 |
| 弹容量 | 30 发 |
| 相关简介 | |

## 研发历史

AUG 突击步枪的研发目的是替换当时奥地利军方采用的 Stg.58（FN FAL）战斗步枪。斯泰尔·曼利夏公司于 1974 年开始绘制原型，当时还没有决定采用光学瞄准镜为标准瞄具，但已经确定采用模块化设计。奥地利军方让 AUG 与 FN FAL（比利时）、FN CAL（比利时）、Vz.58（捷克）和 M16A1（美国）进行了对比试验，AUG 的表现可圈可点。这种新型步枪经过技术试验和部队试验后，于 1977 年正式被奥地利陆军采用。除奥地利外，英国、美国、阿根廷、澳大利亚、马来西亚、菲律宾、新西兰等国均有装备。

## 实战性能

AUG 突击步枪采用短活塞导气原理，导气活塞插入枪管上的连接套内，连接套内有导气室，导气活塞的复进簧也位于导气室内。外形上最突出的特点是无托结构，这使得它的全长在不影响弹道表现下缩短了 25%（与其他有同样枪管长度的步枪相比）。AUG 突击步枪将以往多种设计理念合理地组合起来，结合成一个可靠美观的整体。在奥地利军方的对比试验中，AUG 突击步枪的性能表现可靠，而且在射击精度、目标捕获和全自动射击的控制方面表现优秀。

装备 AUG 突击步枪的奥地利特种兵

**趣味小知识**

　　AUG 突击步枪的活塞与前握把挨得很近，射手的手掌容易灼伤；瞄准镜把手太小，近身搏击后容易折断；背带环的位置不够合理，背挂、携行以及战斗使用难以得心应手。

# 奥地利 SSG 69 狙击步枪

SSG 69 狙击步枪是奥地利斯泰尔·曼利夏公司研制的旋转后拉式枪机狙击步枪，被奥地利陆军选为制式狙击步枪。

| 基本参数 | |
|---|---|
| 口径 | 7.62 毫米 |
| 全长 | 1 140 毫米 |
| 枪管长 | 650 毫米 |
| 重量 | 3.9 千克 |
| 弹容量 | 5 发 |
| 相关简介 | |

## 研发历史

二战结束后，奥地利联邦国防军曾使用过美制 M1903A4 狙击步枪，后来又采用了德制毛瑟 98K 步枪，该枪在奥地利被称为 SSG 59 狙击步枪。在北约确定 7.62×51 毫米枪弹为制式枪弹后，SSG 59 被改为 7.62 毫米口径。20 世纪 60 年代中期，奥地利军方提出了设计新型狙击步枪的要求，新型狙击步枪在 400 米距离上对头像靶、600 米距离上对胸靶、800 米距离上对跑动靶的命中率至少要达到 80%。根据这一标准，斯泰尔·曼利夏公司在 1969 年成功设计出 SSG 69 狙击步枪，并迅速装备奥地利军队。

## 实战性能

SSG 69 狙击步枪是一种按照曼利夏系统设计的手动装填步枪。开、闭锁时需人工将枪机转动 60 度。闭锁方式为枪机回转式。扳机为两道火式，扳机行程的长短和扳机拉力的大小均可以进行调整。机匣后端上方的滑动型保险卡锁起枪机保险和击针保险的作用。该枪采用加长机匣，使枪管座的长度达到 51 毫米，从而使枪管与机匣牢固结合。枪管采用冷锻加工方法制造。枪托用合成材料制成，托底板后面的缓冲垫可以拆卸，因此枪托长度可以调整。

### 趣味小知识

SSG 69 狙击步枪采用卡勒斯 ZF69 瞄准镜，也可采用红外夜视瞄准具或像增强瞄准具。ZF69 瞄准镜用杠杆式夹圈固定在机匣纵向筋上，其放大率为 6 倍。

# 瑞士 SIG SG 550 突击步枪

SIG SG 550 突击步枪是由瑞士西格·绍尔公司于 20 世纪 70 年代研制的 5.56 毫米突击步枪，被瑞士陆军选作制式步枪。

| 基本参数 | |
|---|---|
| 口径 | 5.56 毫米 |
| 全长 | 998 毫米 |
| 枪管长 | 528 毫米 |
| 重量 | 4.1 千克 |
| 弹容量 | 5、20、30 发 |
| 相关简介 | |

## ⬛⬛⬛⭐ 研发历史

20 世纪 70 年代后期，在世界轻武器出现小口径浪潮的情况下，瑞士军方也决定装备一种小口径步枪，取代 7.62 毫米 SG 510 系列步枪。1978 年，瑞士军方拟订了一份招标细则。招标发出后，瑞士伯尔尼武器工厂着手研制 6.45 毫米口径步枪，西格·绍尔公司研制 5.56 毫米口径步枪。1983 年 2 月，瑞士联邦议会决定采用西格·绍尔公司研制的新枪，并正式命名为 SG 550。除瑞士外，巴西、法国、德国、印度、波兰、西班牙等国也有采用。

## ⬛⬛⬛⭐ 实战性能

SIG SG 550 采用导气式自动方式，子弹发射时的气体不是直接进入导气管，而是通过导气箍上的小孔进入活塞头上面弯成 90 度的管道内，然后继续向前，抵靠在导气管塞子上，借助反作用力使活塞和枪机后退而开锁。SIG SG 550 大量采用冲压件和合成材料，大大减轻了重量。枪管用镍铬钢锤锻而成，枪管壁很厚，没有镀铬。消焰器长 22 毫米，其上可安装新型刺刀。标准型的 SIG SG 550 有两脚架，以提高射击的稳定性。

# 以色列"乌兹"冲锋枪

"乌兹"（Uzi）冲锋枪是由以色列国防军军官乌兹·盖尔于 20 世纪 40 年代后期研制的轻型冲锋枪，被世界上许多国家的军队、特种部队、警队和执法机构采用。

### 研发历史

"乌兹"冲锋枪是由以色列国防军上尉（后升至少校）乌兹·盖尔（Uziel Gal）于第一次中东战争后的 1950 年开始设计，1954 年开始装备部队，1956 年在第二次中东战争中取得令人满意的效果。当时的"乌兹"冲锋枪是军官、车组成员及炮兵部队的自卫武器，也是精英部队的前线武器。

### 实战性能

"乌兹"冲锋枪采用开放式枪机、后坐作用设计，并使用包络式枪机，将弹匣位置改在握把内，部分枪管会被机匣覆盖，令总长度大幅下降，重量分布更加平衡。该枪最突出的特点是与手枪类似的握把内藏弹匣设计，能使射手在与敌人近战交火时能迅速更换弹匣（即使是黑暗环境），保持持续火力。不过，这个设计也影响了枪的高度，导致卧姿射击时所需的空间更大。此外，在沙漠或风沙较大的地区作战时，射手必须经常分解清理"乌兹"冲锋枪。

| 基本参数 | |
| --- | --- |
| 口径 | 9 毫米 |
| 全长 | 650 毫米 |
| 枪管长 | 260 毫米 |
| 重量 | 3.5 千克 |
| 弹容量 | 20、40、50 发 |
| 相关简介 | |

#### 趣味小知识

"乌兹"冲锋枪有一种专为以色列反恐特种部队特别设计的型号—伞兵微型"乌兹"，口径为 9 毫米，机匣顶部及底部加装战术导轨，改为倾斜式握把。

# 以色列 Negev 轻机枪

Negev（内盖夫）轻机枪是由以色列研制的 5.56 毫米轻机枪，主要用户为以色列国防军，爱沙尼亚和格鲁吉亚也有装备。

| 基本参数 | |
| --- | --- |
| 口径 | 5.56 毫米 |
| 全长 | 1 020 毫米 |
| 枪管长 | 460 毫米 |
| 重量 | 7.6 千克 |
| 弹容量 | 35 发、100 发、150 发 |
| 相关简介 | |

## ▍▍▍★▷ 研发历史

以色列军事工业公司（IMI）于 1985 年正式开始研发 Negev 轻机枪，1995 年完成设计，1996 年进行了实弹射击测试，1997 年开始装备以色列国防军，是以色列国防军的制式轻机枪。该枪还有短枪管版本，只配备到少数的以色列特种部队。

## ▍▍▍★▷ 实战性能

Negev 轻机枪射击精确、性能可靠、重量较低，比较适合沙漠作战。该枪的枪托可以折叠，在折叠时还不会阻碍到弹盒，其紧凑的设计让它的环境适应性更强。Negev 的两脚架配有塑料条，方便充当前握把使用。该枪配有皮卡汀尼导轨，可以安装枪支战术配件。后期型的 Negev 轻机枪还配有独立的前握把和可拆卸的激光瞄准具，而且可以使用更短的枪管。

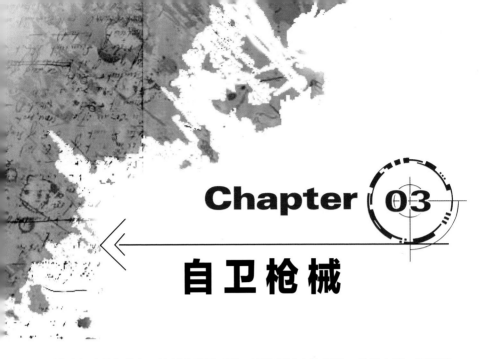

# Chapter 03

# 自卫枪械

特种部队装备的自卫枪械主要是手枪，因为手枪变换保险、枪弹上膛、更换弹匣方便，结构紧凑，自动方式简单，可以随身携带，能在 50 米距离内自卫和突然袭击敌人。

# 美国柯尔特 M1911 手枪

柯尔特 M1911 手枪是由美国著名枪械设计师约翰·勃朗宁研制的一种 11.43 毫米口径手枪，推出后立即成为美军的制式手枪并一直维持达 74 年（1911—1985 年）。

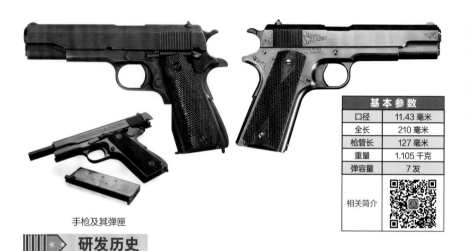

| 基本参数 | |
| --- | --- |
| 口径 | 11.43 毫米 |
| 全长 | 210 毫米 |
| 枪管长 | 127 毫米 |
| 重量 | 1.105 千克 |
| 弹容量 | 7 发 |

相关简介

手枪及其弹匣

## 研发历史

1907 年，美军计划采用一种 11.43 毫米手枪作为新一代制式手枪，柯尔特公司和萨维奇公司设计的样枪都通过了初选。在 1910 年年末的 6 000 发子弹射击试验中，柯尔特公司的样枪没有出现任何问题，而萨维奇公司的样枪则出现 37 次故障，最后自然是柯尔特公司胜出。1911 年 3 月，柯尔特公司设计的手枪正式成为美国陆军的制式手枪，定型为 M1911。1913 年，M1911 手枪也被美国海军和美国海军陆战队选为制式手枪。该枪至今仍然是部分美军部队的装备之一。由于性能优秀，不少特种部队的队员还在自行采购 M1911 手枪。

## 实战性能

M1911 手枪的结构非常简单，零件数量较少，容易拆解和组装，大大方便了后勤维护和保养。其 11.43 毫米的大口径也具有很强的停止作用，能够确保在有效射程内被击中的敌人快速失去战斗能力。M1911 手枪还采用了双重保险，大大增强了安全性，不容易出现走火等事故。虽然 M1911 手枪在总体上非常符合战斗手枪的标准，但是也有弹匣容量低的缺点，弹容量仅为 7 发，加上枪膛内的 1 发子弹，一共 8 发。此外，该枪的后坐力偏大，影响射击精度，而且重量和体积也稍大了一点。

# 美国 M9 半自动手枪

M9 手枪（M9 pistol）是由美国军队于 1985 年开始采用的制式手枪，由意大利伯莱塔公司研制。目前，M9 手枪仍被美国各军种大量使用。

## ▶ 研发历史

1978 年，美军提出需要采用一种新手枪，用以取代老旧的 M1911 手枪。之后，多家著名枪械公司参加了选型试验。经过一番角逐，1985 年 1 月，美军宣布伯莱塔 92F 手枪胜出，并将其选为制式手枪，正式命名为 M9 手枪。1988 年，M9 手枪发生了套筒断裂的事故，随后，伯莱塔公司按照美国陆军的要求进行了改进设计，按这种标准生产的 92F 手枪改称为 92FS 手枪。至此，M9 手枪真正取代经典的 M1911 手枪，成为美军新的制式手枪。2003 年，美国军方推出了 M9 手枪的改进型，命名为 M9A1 手枪。

| 基本参数 | |
|---|---|
| 口径 | 9 毫米 |
| 全长 | 217 毫米 |
| 枪管长 | 125 毫米 |
| 重量 | 0.952 千克 |
| 弹容量 | 15 发 |
| 相关简介 | |

## ▶ 实战性能

M9 手枪采用枪管短行程后坐作用原理、闭锁方式为卡铁下沉式，单 / 双动扳机设计，以 15 发可拆式弹匣供弹。M9 手枪的套筒座、握把都是由铝合金制成，不过了为减轻枪的重量，握把外层的护板是木质的。在保险装置上，不再是过去的按钮式，而是变成了摇摆杆。扳机护圈的增大，即便是戴上手套扳动扳机也非常顺手。M9 手枪体积小、重量轻、使用方便、动作可靠，在风沙、尘土、泥浆及水中等恶劣战斗条件下适应性强，其枪管的使用寿命高达 10 000 发。

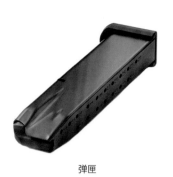

弹匣

握把和扳机结构

手持M9手枪的美国陆军特种兵

**趣味小知识**

　　M9手枪从1.2米高处落在坚硬的地面上不会出现偶发，一旦在战斗损坏时，较大故障的平均修理时间不超过半小时，小故障不超过10分钟。

# 美国 MEU(SOC) 半自动手枪

MEU(SOC) 手枪是由美国海军陆战队专门为陆战部队远征队（Marine Expeditionary Unit）研制的半自动手枪，由 M1911 手枪改装而来。

## 研发历史

美国海军陆战队研制 MEU(SOC) 手枪的初衷在于他们并不喜欢 M9 制式手枪，因此他们提出以海军陆战队偏爱的 M1911 手枪为基础，为他们的精锐部队生产一种专门的手枪。这种手枪在 1986 年根据陆战队远征队的需求开始设计，由美国海军陆战队精确武器工场的军械工人手工生产。这些手枪没有正式定型，一律称为 MEU(SOC) 手枪或 MEU 手枪。

| 基本参数 | |
| --- | --- |
| 口径 | 11.43 毫米 |
| 全长 | 210 毫米 |
| 枪管长 | 127 毫米 |
| 重量 | 1.11 千克 |
| 弹容量 | 7 发 |
| 相关简介 | |

## 实战性能

MEU(SOC) 手枪用政府型 M1911A1 手枪的底把改装而来，但弧形的握把背板改为直线形，坡膛抛光并加宽，其他改进还有：从商业途径订购套筒，并增加了防滑纹；扩展抛壳口，以提高可靠性；增加右侧的保险柄；安装了一个纤维材料的后坐缓冲器；握把底部增加了吊环；配用 7 发不锈钢弹匣。MEU(SOC) 手枪的后坐缓冲器颇具争议，既有赞扬也有反对的声音。缓冲器可以降低后坐感，在速射时尤其有利，但其本身似乎不太耐用，批评的声音就集中在缓冲器的小碎片容易积累在手枪里面导致出现故障。

### 趣味小知识

每名陆战队远征队士兵在训练周期内通常要用 MEU(SOC) 手枪发射 80 000 发子弹，然后要将枪送回精确武器工场进行翻新和维护。

# 俄罗斯 GSh-18 半自动手枪

GSh-18 手枪是由俄罗斯联邦仪器设计局于 20 世纪 90 年代研制和生产的半自动手枪，被选为俄罗斯军用制式手枪（备用枪械），发射多种 9×19 毫米鲁格弹。

## 研发历史

1998 年，俄罗斯联邦仪器设计局为满足本国军警需求（体积小、质量轻、弹匣容弹量大和射击稳定性好等），开始设计新型手枪。该设计局以 P-96 手枪（1990 年研发的一款军警用大型半自动手枪）为原型，设计出了 GSh-18 手枪。同年，GSh-18 手枪参加了俄罗斯军队从 1993 年开始的新型手枪选型试验。2001 年，GSh-18 手枪被俄罗斯司法部、内政部和军队的特种部队所采用，并开始向国外出口。

| 基本参数 | |
|---|---|
| 口径 | 9 毫米 |
| 全长 | 184 毫米 |
| 枪管长 | 103 毫米 |
| 重量 | 0.47 千克 |
| 弹容量 | 18 发 |
| 相关简介 | |

## 实战性能

GSh-18 手枪的设计理念与奥地利格洛克手枪系列类似，整体而言，GSh-18 更像是一种操作简便的警用手枪。GSh-18 手枪大量导入高科技生产技术，以降低生产的复杂性，但由于需要使用现代材料和设备，因此其生产成本远高于 MP-443 手枪。GSh-18 手枪采用了枪管短行程后坐作用，以及枪管凸轮偏转式闭锁结构，套筒和枪管是由不锈钢所制造，枪管具有 6 条多边形膛线。为了操作简便，GSh-18 手枪没有设置手动保险。

手枪及其弹匣特写

# 俄罗斯 MP-443 半自动手枪

MP-443 手枪是由俄罗斯枪械设计师弗拉基米尔·亚雷金设计、卡拉什尼科夫集团（原伊兹玛什公司）生产的半自动手枪,被俄罗斯军队选为制式手枪（备用枪械）。

### 研发历史

MP-443 手枪的研发工作始于 1993 年,2000 年设计定型。2003 年,MP-443 手枪被俄罗斯军队和执法机关以下的各个部队所采用,与 GSh-18 手枪一样作为制式手枪。2006 年 9 月以后,也成为执法机关的制式手枪,被俄罗斯特警队特别反应小组和内务部防暴警察特种部队特殊用途机动单位所采用。

| 基本参数 | |
|---|---|
| 口径 | 9 毫米 |
| 全长 | 198 毫米 |
| 枪管长 | 112.5 毫米 |
| 重量 | 0.95 千克 |
| 弹容量 | 17 发 |
| 相关简介 | |

### 实战性能

MP-443 手枪是双动操作、短行程后坐作用式半自动手枪,主要部分是由金属制成（不锈钢质枪管,以及碳钢质底把和套筒）,而武器的握把护板则是由聚合物所制造。MP-443 手枪的击锤隐藏在套筒内,以防止在拔出手枪时被衣服和装备所缠绕,弹匣释放按钮的位置是在扳机护圈的后部,准星是在套筒上的固定部件,而且不可调节。MP-443 手枪使用 18 发大容量弹匣,为双排左右交错排列,单边出供弹弹式弹匣。总体而言,MP-443 手枪符合人体工程学,具有高度可靠性。

#### 趣味小知识

2008 年 10 月,俄罗斯内政部长计划让俄罗斯警察都装备 MP-443 手枪,但由于财政问题,并且马卡洛夫手枪在俄罗斯依然大量使用,只好作罢。

# 俄罗斯 PSS 微声手枪

PSS 微声手枪是由苏联中央精密机械研究所研制的微声手枪，1983 年开始服役，时至今日仍然被俄罗斯特种部队广泛使用。

手枪及其弹匣

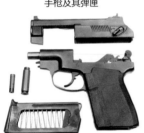

主要零部件

| 基本参数 | |
| --- | --- |
| 口径 | 7.62 毫米 |
| 全长 | 165 毫米 |
| 枪管长 | 35 毫米 |
| 重量 | 0.7 千克 |
| 弹容量 | 6 发 |
| 相关简介 | |

## 研发历史

PSS 微声手枪是专门针对克格勃的特工和苏联陆军中的特种部队而特别研制，1983 年被正式采用，取代了 MSP 手枪和 S4M 手枪两种过时且火力不足的特种武器。苏联解体后，PSS 微声手枪被转交给俄罗斯境内的执法部门和特种部队使用。

## 实战性能

PSS 微声手枪采用常规手枪的自由枪机式自动原理，但结构比较特殊。PSS 微声手枪的枪管由可活动的弹膛和固定式的线膛组成，弹膛可以后坐 8 毫米，具有单独的弹膛复进簧。它的枪机复进簧安装在套筒内枪管上方部位。发射机构也有特点，配有外露击锤，可单动也可双动击发。PSS 微声手枪使用的枪弹非常特别，火药和弹头之间有一个活塞，射击时，火药点燃后活塞迅速推动弹头向前运动，但很快活塞被弹壳的肩部挡住，这样噪声和烟雾便被堵在弹壳内，唯一的噪声是弹头飞出枪口后枪的自动操作声。这种子弹的有效射程是 50 米，能够穿透 25 米范围内的标准钢盔。

# 俄罗斯 SPP-1 水下手枪

SPP-1 手枪是由苏联于 20 世纪 60 年代后期研制的水下手枪，SPP 是"特种水下手枪"（Spetsialnyj Podvodnyj Pistolet）的缩写。

右侧特写

弹巢特写

| 基本参数 | |
|---|---|
| 口径 | 4.5 毫米 |
| 全长 | 244 毫米 |
| 枪管长 | 136 毫米 |
| 重量 | 1.03 千克 |
| 弹容量 | 4 发 |
| 相关简介 | |

## 研发历史

由战斗蛙人进行水下袭击是一种隐蔽而有效的特种作战方式，为了对付战斗蛙人，通常的做法是训练特殊的反蛙人海豚或用蛙人来进行反蛙人作战，无论是作为攻击一方还是防守一方的蛙人，他们传统的自卫武器都是潜水刀和梭镖枪。梭镖枪的缺点是体积较大，携带不方便，而且一次只能打一发，装填速度慢。为了在与敌方战斗蛙人对阵时有更大的战术优势，苏联海军在 20 世纪 60 年代后期要求中央精密机械研究所研制专门的水下手枪，该枪被命名为 SPP-1，于 1971 年开始装备苏联海军的战斗蛙人部队。后来 SPP-1 经过改进，重新定型为 SPP-1M。目前，SPP-1M 仍然被俄罗斯海军特种部队采用，并出口到其他国家。

## 实战性能

SPP-1 手枪是一种手动操作的四管手枪，从枪管尾部装填，枪管内没有膛线。为冲破水中阻力，SPP-1 手枪配有专用的 SPS 水下枪弹。这种枪弹的口径为 4.5 毫米，拥有形似钢矛的钉状弹头。弹头长 115 毫米，加上弹头和弹体又连成直线，因而提高了弹头在水中的稳定性。SPP-1M 基本上与 SPP-1 相同，主要的改进有两个方面，一是在扳机拉杆上增加了一个弹簧以改善扳机扣力，二是扳机护圈增大以适应较厚的潜水手套。

# 德国瓦尔特 PP/PPK 手枪

PP 手枪是由德国瓦尔特公司于 20 世纪 20 年代后期研制的半自动手枪，PPK 手枪是 PP 手枪的缩小版本。PP/PPK 手枪的服役时间极长，时至今日仍在继续生产。

## 研发历史

一战结束后，作为战败国，德国受到了很多限制，其中一条就是枪械的口径不得超过 8 毫米，枪管长不得超过 100 毫米。有鉴于此，德国瓦尔特公司于 1929 年开发了一种具有划时代意义的自动手枪——PP 手枪。1930 年，为了满足高级军官、特工、刑事侦查人员的需求，瓦尔特公司又在 PP 手枪的基础上推出了 PPK 手枪。PP/PPK 手枪的设计非常成功，对二战后的手枪设计产生了极大的影响。直到今天，瓦尔特公司仍然在继续生产 PP/PPK 手枪。

| 基本参数 | |
|---|---|
| 口径 | 7.65 毫米 |
| 全长 | 170 毫米 |
| 枪管长 | 98 毫米 |
| 重量 | 0.68 千克 |
| 弹容量 | 11 发 |
| 相关简介 | |

## 实战性能

PP/PPK 手枪采用自由枪机式工作原理，枪管固定；采用外露击锤，配有机械瞄准具；套筒左右都有保险机柄；套筒座两侧加有塑料质握把护板；弹匣下部有一塑料延伸体，能让射手握得更牢固；两者都使用 7.65×17 毫米手枪弹。PP/

手枪及弹匣特写

PPK 手枪的结构极为简单，两者的零件总数分别为 42 件和 39 件，而其中可以通用的零件为 29 件。PP/PPK 手枪是非常适合特殊作战的自卫手枪。与 PP 相比，PPK 的外形更小巧，方便隐蔽携带，在使用安全性上的考虑也更为周到。

# 德国 Mk 23 Mod 0 手枪

Mk 23 Mod 0 手枪是由德国黑克勒·科赫公司研制的半自动手枪，被多个国家的常规部队和特种部队采用，包括美国"海豹"突击队、"绿色贝雷帽"特种部队等。

手枪及其弹匣

## 研发历史

20 世纪 80 年代末，美国特种作战司令部为加强辖下特战部队的战力，对外发出了新型手枪的招标信息。1991 年，黑克勒·科赫公司同其他公司一起参与了此次招标。在经过严格的测试后，黑克勒·科赫公司的 Mk 23 Mod 0 手枪不仅在恶劣环境下有着特别高的耐久性、防水性和耐腐蚀性，而且可以发射数万发子弹，枪管不会损坏或需要更换，完全符合特种部队作战的要求，于是被美国特种作战司令部采用。1996 年，Mk 23 Mod 0 手枪正式开始服役。

| 基本参数 | |
|---|---|
| 口径 | 11.43 毫米 |
| 全长 | 245 毫米 |
| 枪管长 | 149 毫米 |
| 重量 | 1.2 千克 |
| 弹容量 | 12 发 |
| 相关简介 | |

## 实战性能

Mk 23 Mod 0 手枪被定义为比赛级军用手枪，射击精度较高。不过，美国特种部队许多队员对这种"进攻型"手枪并不太感兴趣。这主要是因为它的尺寸偏大，而且较重，单手射击不方便。另外，整个 Mk 23 Mod 0 手枪系统太贵，不可能装备到每一位战斗人员，因此一些特种部队也采用了其他型号的手枪。

> **趣味小知识**
>
> Mk 23 Mod 0 手枪使用一条特制的六边形枪管，目的在于提高准确性和耐用性。

# 德国 HK 45 手枪

HK 45 手枪是由德国黑克勒·科赫公司于 2006 年设计的半自动手枪，现已被美国和澳大利亚等国的军警单位采用。

弹匣

枪管

## 研发历史

HK 45 手枪的设计目的是参与美军"联合战斗手枪"（Joint Combat Pistol）计划。该计划打算为美国特种部队更换一种可以同时发射 .45 ACP（11.43 毫米）普通弹、比赛弹和高压弹的半自动手枪，并且取代 M9 手枪。2006 年，"联合战斗手枪"计划被无限期中止。由于 HK 45 手枪在民间市场有着很高的人气，黑克勒·科赫公司还是决定把 HK 45 手枪投入市场。HK 45 手枪的衍生型主要包括紧凑型 HK 45C、战术型 HK 45T 和紧凑战术型 HK 45CT。2010 年 9 月，HK 45C 被美国海军特种作战司令部采用。

| 基本参数 | |
|---|---|
| 口径 | 11.43 毫米 |
| 全长 | 204 毫米 |
| 枪管长 | 113 毫米 |
| 重量 | 0.77 千克 |
| 弹容量 | 10 发 |
| 相关简介 | |

HK 45 手枪在底把的扳机护圈前方整合有皮卡汀尼导轨，握把前方带有手指凹槽，并且有可更换的握把背板以适应使用者手掌的大小。为了适应更小、更符合人体工学的手枪握把，HK 45 手枪使用的是容量 10 发的专用可拆式双排弹匣。紧凑型 HK 45C 使用容量为 8 发的弹匣供弹，并使用了传统型直握把。这种设计可以让使用者因应其手掌大小而使用不同大小的更换式后方握把片，以调节握把的形状和尺寸。

装备 HK 45 手枪的美军特种兵

🔶 趣味小知识

　　为了能够更好地理解美军的要求，黑克勒·科赫公司聘请了从美军"三角洲"特种部队退伍的拉利·维克斯和肯哈·克索恩一起担任 HK 45 手枪项目的负责人。

# 德国 HK P7 手枪

HK P7 手枪是由德国黑克勒·科赫公司于 1976 年研制的半自动手枪，其设计比较独特，采用了气体延迟反冲原理和握把保险装置。

| 基本参数 | |
|---|---|
| 口径 | 9 毫米 |
| 全长 | 171 毫米 |
| 枪管长 | 105 毫米 |
| 重量 | 0.78 千克 |
| 弹容量 | 8 发 |
| 相关简介 | |

## 研发历史

HK P7 手枪的研制工作始于 20 世纪 70 年代末。在当时的反恐背景下，德国警方对警用型自动手枪提出了更高的要求，不仅要求火力强大、操作迅速快捷，而且要求更安全可靠，便于携带等，HK P7 手枪因此应运而生。HK P7 手枪在德国警察、军队中服役了相当长的时间，英国特别空勤团、美国"三角洲"特种部队、美国中央情报局等众多著名部队、机构至今仍在使用 HK P7 手枪。

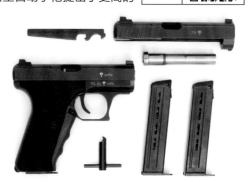

主要部件

## 实战性能

与大多数著名的单动 / 双动自动手枪不同，HK P7 手枪背离了传统的手枪结构设计，其独特的导气式延迟开锁装置、握把保险 / 击发机构，使得该枪不仅设计风格独树一帜，而且其性能更是鹤立鸡群。实验表明：与黑克勒·科赫公司生产的其他手枪相比，HK P7 手枪快速射击时的精度和射程都很出色。该枪在弹膛有弹的情况下也可以安全携带，在需要快速出枪时又可以立即解除保险进行射击。

# 德国 HK USP 手枪

HK USP 手枪是由德国黑克勒·科赫公司研制的半自动手枪，USP 意为"通用自动装填手枪"（Universal Self-loading Pistol）。

## 研发历史

HK USP 手枪的研制工作始于 1989 年，1993 年设计定型，同年开始批量生产。该枪性能优良，被世界多个国家的特种部队和特警队采为制式武器，包括美国海军"海豹"突击队、韩国国家特警队、挪威海军特种部队、澳大利亚陆军特种部队、巴西陆军特种部队、德国战斗蛙人部队和日本特殊急袭部队等。

| 基本参数 | |
|---|---|
| 口径 | 9毫米/10毫米/11.43毫米 |
| 全长 | 194 毫米 |
| 枪管长 | 108 毫米 |
| 重量 | 0.748 千克 |
| 弹容量 | 12 发/13 发/15 发 |
| 相关简介 | |

## 实战性能

HK USP 手枪由枪管、套筒座、套筒、弹匣和复进簧组件 5 个部分组成，共有 53 个零件。其滑套是以整块高碳钢加工而成，表面经过高温和氮气处理，具有很强的防锈和耐磨性。枪管是由铬钢冷锻制成，材质和炮管属同一等级。该枪的枪身由聚合塑胶制成，内衬钢架以降低重心，从而增强射击稳定性。HK USP 手枪首创了护弓前缘多用途沟槽，可加挂专用的激光标定瞄准器或强光手电筒，这使 HK USP 手枪成为第一把拥有完整配件以执行反恐与特种任务的枪种。

手枪及其弹药

# 德国 HK P11 水下手枪

HK P11 手枪是由德国黑克勒·科赫公司于 20 世纪 70 年代为特种部队研制的水下无声手枪，1976 年正式装备使用。

| 基本参数 | |
| --- | --- |
| 口径 | 7.62 毫米 |
| 全长 | 200 毫米 |
| 枪管长 | 60 毫米 |
| 重量 | 1.2 千克 |
| 弹容量 | 5 发 |
| 相关简介 | |

## 研发历史

HK P11 手枪在问世前后一段较长的时间内，曾经是德国及相关国家的高级机密。该枪装配一种特制的箭形贫铀子弹，能在地面和水下使用，引起了西方国家海军特种部队较高的兴趣。从 20 世纪 70 年代中期开始，黑克勒·科赫公司共生产了数百支 HK P11 手枪，德国蛙人部队装备了 200 余支，其他的都出口到了盟国，包括美国、法国、英国、意大利、荷兰等。其中，美国特种部队装备了约 100 支 HK P11 手枪，大部分配发"海豹"突击队。

## 实战性能

HK P11 手枪由两大主要部件构成：枪管和手柄。这种手枪共装配 5 支枪管，全部密封，通过枪栓旁可折叠转换装置安装在手柄托架上，子弹发射所需要的电能由装配在手柄中间的两组蓄电池提供。HK P11 手枪既能在水下使用，也能在地面使用，水下有效射程为 15 米，水上可达 50 米，特别适合从水下到海岸的秘密渗透行动。虽然 HK P11 手枪的水下射程相对不远，但可以通过特定的使用方式来弥补，蛙人通常在夜间视线不好、能见度较差的时候发起攻击，敌人不易察觉，很容易秘密接近到有效射程之内。

# 意大利伯莱塔 93R 手枪

　　伯莱塔 93R 手枪是由伯莱塔公司于 20 世纪 70 年代研制的全自动手枪，设计目的是为特种部队或要员护卫提供一种如手枪般紧凑，但火力像冲锋枪一样强的小型全自动武器。

手枪及其折叠枪托

## 研发历史

　　20 世纪 70 年代，意大利恐怖活动盛行，伯莱塔公司为了给执法单位提供一款火力强大且可随身携带的小型自动武器，对伯莱塔 92 手枪和伯莱塔 M1951 手枪进行改进，最终完成了后继型——伯莱塔 93R 手枪，但由于采用三点发射击模式，表面上看起来可以节省子弹及提高命中率，事实上却限制了它的火力。由于执法人员对伯莱塔 93R 手枪的评价一向不高，所以该枪很难打入市场，1993 年便停止生产。

| 基本参数 | |
|---|---|
| 口径 | 9 毫米 |
| 全长 | 250 毫米 |
| 枪管长 | 157 毫米 |
| 重量 | 1.17 千克 |
| 弹容量 | 15 发/ 20 发 |
| 相关简介 | |

## 实战性能

　　伯莱塔 93R 手枪的自动方式与伯莱塔 92 手枪区别不大，只是在套筒左上方增加一个快慢机，可使其进行单发或三发点射射击。点射时，伯莱塔 93R 手枪可利用折叠枪托和小握把（位于扳机护圈前部）实施腰际夹持射击或抵肩射击，两种射击方式都能有效地控制手枪连发时的枪口剧烈跳动。同时，枪口部位的三个向上开口也能利用火药气体的反作用抑制枪口跳动。全自动模式时，在打完一个完整的三发点射前必须持续扣压扳机。

# 瑞士 SIG P226 手枪

　　SIG P226 手枪是由西格·绍尔公司于 20 世纪 80 年代研制的全尺寸军用型半自动手枪，在世界各地多个执法机关和军事组织之中服役。

## 研发历史

　　SIG P226 手枪是由西格·绍尔公司于 1980 年推出的产品，当时是为参加美国军队 9 毫米新型手枪选型而研制。尽管 SIG P226 手枪在选型试验中因为价格问题落败于伯莱塔 92F 手枪，但表现最好的 SIG P226 手枪却因此受到执法机构和特种作战单位的青睐。美国联邦调查局和能源部等联邦机构，还有多个州或地区性警察局的普通警员或特警队采用了 SIG P226 手枪。美国许多特种部队也喜欢使用这种优秀的辅助武器。

| 基本参数 | |
|---|---|
| 口径 | 9 毫米 |
| 全长 | 195.6 毫米 |
| 枪管长 | 111.8 毫米 |
| 重量 | 0.96 千克 |
| 弹容量 | 20 发 |
| 相关简介 | |

## 实战性能

　　SIG P226 手枪采用枪管短后坐工作原理，枪管摆动式开闭锁方式，常规双动扳机击发机构。与西格·绍尔公司之前的 SIG P220 手枪相比，SIG P226 手枪主要增大了弹匣容量。除弹匣外，另一个改进就是两侧都有可以使用的弹匣卡笋。SIG P226 手枪可以不改变握枪的手势就能直接用拇指操作弹匣解脱扣。SIG P226 的射击精度很高，它的开锁引导面比 SIG P220 手枪的稍长，这使得 SIG P226 手枪开锁时枪管偏移的时间会比 SIG P220 手枪稍迟一点。

### 趣味小知识

　　SIG P226 手枪可以装填、发射 9×19 毫米、.40 S&W（10×22 毫米）、.357 SIG（9×22 毫米）和 .22 LR（5.6×15 毫米）四种手枪弹。其中，.40 S&W 与 .357 SIG 口径之间的转换十分简单，只要更换枪管即可。

# 奥地利 Glock 17 手枪

Glock 17 手枪是由奥地利格洛克公司于 20 世纪 80 年代研制的半自动手枪，被各国军队和警察广泛采用，在民间市场也很常见。

| 基本参数 | |
| --- | --- |
| 口径 | 9 毫米 |
| 全长 | 186 毫米 |
| 枪管长 | 114 毫米 |
| 重量 | 0.62 千克 |
| 弹容量 | 17 发 |
| 相关简介 | |

## 研发历史

20 世纪 80 年代初，奥地利陆军开始寻求新型手枪以取代服役了多年的德国瓦尔特 P38 手枪，他们首先试验了斯泰尔公司在 20 世纪 70 年代研制的斯太尔 GB 手枪，但试验的结果并不理想。最终，订单落到了当时名不见经传的格洛克公司手上。1983 年，格洛克公司的新型手枪问世，开始接受奥地利陆军的各种严格的试验，试验结果十分满意，于是奥地利陆军正式采用，并命名为 M80。这支新型手枪的商业名称就是 Glock 17，其产量极大，应用范围也很广，仅美国就有多支特种部队采用。

## 实战性能

Glock 17 手枪的外形非常简洁，完全不像传统的手枪外形设计那样讲究曲线的运用。实际上，Glock 17 的设计十分符合实战应用，便于随身携带和使用。手枪握把与枪管轴线的夹角比任何手枪都要大，这个角度是根据人体手臂自然抬起的瞄准姿势与身体的角度而定的，因此几乎不用刻意瞄准便可举枪射击，这样的设计在突然遭遇的近战中瞄准反应速度特别快而且精准度较高。Glock 17 手枪及其衍生型都以可靠性著称。因为坚固耐用的制造和简单化的设计，它们能在一些极端的环境下正常运作，并能使用多种子弹，更可改装成冲锋枪。

下机匣

释放弹匣

手持 Glock 17 手枪的特种兵

**趣味小知识**

　　Glock 17 手枪可在水下发射，不过格洛克公司指出如在水下发射可能会使射手受伤，即便如此，部分特种兵还是装备 Glock 17 手枪以备不时之需。

# 奥地利 Glock 23 手枪

Glock 23 手枪是由奥地利格洛克公司研制的半自动手枪，是一种适合隐蔽使用的小巧、轻便、有效的警用手枪。

| 基本参数 | |
|---|---|
| 口径 | 10.16 毫米 |
| 全长 | 174 毫米 |
| 枪管长 | 110 毫米 |
| 重量 | 0.597 千克 |
| 弹容量 | 13 发 |
| 相关简介 | |

## 研发历史

20 世纪 90 年代，当 0.40 英寸（10.16 毫米）口径开始在美国流行时，格洛克公司认识到它的价值并推出了 Glock 22 和 Glock 23 手枪。其中，Glock 23 手枪是 Glock 22 手枪的缩小型，相当于 Glock 19 的 .40 S&W 口径型。Glock 23 手枪经历了四次修改版本，最新的版本称为第四代 Glock 23（4th generation Glock 23），在套筒会加上"Gen4"的字样以方便识别。

## 实战性能

2010 年开始，新推出的 Glock 23 手枪为了提高人机工效，采用了新纹理，握把由粗糙表面改为凹陷表面，且握把略为缩小，换装了可更换的握把片，以调整握把尺寸，适合不同的手形使用。套筒内部的复进簧改为双复进簧式设计，大大降低了后坐力和提高了全枪的寿命。为了适应双复进簧式设计，套筒下的聚合物枪身前端部分较前一代 Glock 23 手枪略为加宽。此外，弹匣设计也有所改进，以便双手都可以直接按下加大的弹匣卡榫以更换弹匣。

### 趣味小知识

Glock 23 手枪是美国境内最受民间及执法部门喜爱的手枪之一，包括联邦调查局（FBI）在内的许多单位均有采用。

# 比利时勃朗宁大威力手枪

勃朗宁大威力手枪（Browning Hi Power）是由比利时赫尔斯塔尔国营工厂于20世纪30年代开始生产的半自动手枪，发射当时欧洲威力最大的9×19毫米手枪弹。

手枪及其枪套

## 研发历史

勃朗宁大威力手枪是应法国军队对新型军用手枪的要求而设计的。法军的要求是武器尺寸必须紧凑、至少能够装填10发子弹、配用可拆卸式弹匣、火力强大且分解和重新组装简单、能够击杀50米内的任何目标。比利时赫尔斯塔尔国营工厂委托约翰·勃朗宁设计一支符合上述规格的新型军用手枪。1922年，勃朗宁在美国犹他州奥格登研制出两种采用不同原理的原型枪。在经过比较后，赫尔斯塔尔国营工厂认为采用后膛闭锁及枪管短后坐原理的方案更为适合，于是选择了第二种原型枪方案并进行进一步研制和测试。1931年，勃朗宁大威力手枪的设计基本定型。该系列在推出后不断进行改进，因此产生了许多型号。

| 基本参数 | |
| --- | --- |
| 口径 | 9毫米 |
| 全长 | 197毫米 |
| 枪管长 | 119毫米 |
| 重量 | 1千克 |
| 弹容量 | 13发 |
| 相关简介 | |

## 实战性能

与许多其他勃朗宁手枪设计一样，勃朗宁大威力手枪采用了枪管短行程后坐作用操作原理和枪管摆动式闭锁机构，枪管和套筒最初会受到后坐力而后移，直到枪管膛室下方的一个凸耳装置解锁，使枪管与套筒分离。与勃朗宁设计的早期型柯尔特M1911手枪不同的是，枪管并非是由铰链的牵引下垂直摆动闭锁和开锁的，而是由穿过枪管以下的手枪底把和在枪管最后面的膛室部分下方的底把开闭锁凸耳的插槽的硬化套筒连接栓轴来实现。为了避免双排弹匣导致握把过大，其握把的虎口弯位被很巧妙地设计成向内凹进，正好符合人手握枪时虎口向前凸出的形状。

# 比利时 FN 57 手枪

　　FN 57 手枪是由比利时赫尔斯塔尔国营工厂为了推广 SS190 弹（5.7×28 毫米）而研制的半自动手枪，主要为满足特种部队和执法部门的需要而设计。

## 研发历史

　　FN 57 手枪是配合 FN P90 冲锋枪而研发的手枪。因为 FN P90 冲锋枪所用的 SS90 子弹是全新研制，不能用于现有的手枪，所以需要有 FN 57 手枪与之配合，使整个武器系统完整。为使全新的子弹能放进手枪内，1993 年，比利时赫尔斯塔尔国营工厂把 SS90 子弹的弹头改短了 2.7 毫米，并由塑料弹头改用较重的铝或钢质弹头。新子弹称为 SS190，可同时适用于原有的 FN P90 冲锋枪及新研发的 FN 57 手枪。

| 基本参数 | |
|---|---|
| 口径 | 5.7 毫米 |
| 全长 | 208 毫米 |
| 枪管长 | 122 毫米 |
| 重量 | 0.617 千克 |
| 弹容量 | 10 发 / 20 发 / 30 发 |
| 相关简介 | |

## 实战性能

　　FN 57 手枪扩展了工程塑料在手枪上的应用，以往的手枪只在套筒座、弹匣及其他非主要受力部件上使用工程塑料，而套筒的运动速度很高，需要承受猛烈撞击，因此都是采用优质钢材。FN 57 手枪通过精心设计，首次在手枪套筒上成功采用钢 – 塑料复合结构，支架用钢板冲压成型，击针室用机械加工，用固定销固定在支架上，外面覆上高强度工程塑料，然后表面再经过磷化处理。因此，既减轻重量又保证了强度要求。

> **趣味小知识**
>
> 　　FN 57 手枪配备 SS190 手枪弹，其弹壳直径小，重量轻，因此 20 发弹匣的重量也只相当于 9 毫米手枪 10 发弹匣的重量。

# 捷克斯洛伐克 CZ 75 手枪

CZ 75 手枪是由捷克斯洛伐克于 20 世纪 70 年代研制的半自动手枪，被苏联特种部队率先采用。

## 研发历史

CZ 75 手枪由工程师兄弟约瑟夫·库斯基和弗朗泰斯克·库斯基共同研制。当时，捷克斯洛伐克政府要求一种采用较大容量弹匣供弹和双动扳机的半自动手枪。尽管当时捷克斯洛伐克仍然是华约成员国，这款手枪却被要求发射 9 毫米鲁格弹，而非华约的制式 9 毫米马卡洛夫枪弹。CZ 75 手枪在 1975 年推出，但直到 20 世纪 90 年代才被捷克军队和警察大量采用，以取代过时的 CZ 52 手枪。此外，美国、古巴、伊朗、立陶宛、波兰、哈萨克斯坦、斯洛文尼亚、土耳其、泰国和智利等国的军队也装备了 CZ 75 手枪或其仿制型。

| 基本参数 | |
|---|---|
| 口径 | 9 毫米 /10.16 毫米 |
| 全长 | 206.3 毫米 |
| 枪管长 | 120 毫米 |
| 重量 | 1.12 千克 |
| 弹容量 | 12 发 /15 发 /26 发 |
| 相关简介 | |

主要部件

## 实战性能

CZ 75 手枪是一款采用短行程后坐作用、闭锁式枪膛运作的半自动手枪，大部分型号都具备单 / 双动模式，并在底把左边设有一个手动保险，射手需在上膛后把它向上推，此时手枪的扳机被锁定而无法开火，因此能够被安全携行。与大多数半自动手枪不同的是，CZ 75 手枪的滑套导轨是从外侧整个嵌入滑套外侧的导槽内，这样能够减少滑套的横向松动，有利于提升精度。

# 克罗地亚 HS2000 手枪

HS2000 手枪是由克罗地亚于 20 世纪 90 年代末研制的半自动手枪，可以发射多种不同口径的手枪弹。

## 研发历史

HS2000 手枪的历史可追溯到 1991 年被称为 PHP 的制式手枪，这是由克罗地亚的私有工业零件公司 IM 金属工厂制造的手枪。由马尔科·武科维奇领导的设计团队，想将 PHP 设计成为一把坚固的手枪，但由于在克罗地亚战争期间，大部分制造业都受到影响，质量是早期产品之中最大困扰的问题。武科维奇的设计团队在接下来十年之间一直汲取经验并且继续调整和改进设计，并且在 1995 年推出 HS95 手枪，1999 年再推出 HS2000 手枪。该枪被克罗地亚军队和执法机关选为制式手枪，并出口到美国。

| 基本参数 | |
|---|---|
| 口径 | 9 毫米 /10.16 毫米 |
| 全长 | 185.4 毫米 |
| 枪管长 | 101.6 毫米 |
| 重量 | 0.85 千克 |
| 弹容量 | 9发/12发/13发/16发 |
| 相关简介 | |

## 实战性能

HS2000 手枪是短后坐行程作用和击针发射的半自动手枪。该枪有三种瞄准装置，除了通常的固定准星和照门之外，还可选用具备风偏修正功能的瞄准具。第三代枪型采用斜面式照门。扳机结构仅支持双动模式。当子弹装入枪膛时，一个圆形的针头从滑套后部的略似碟形的凹陷处探出，相当于一个可视和可触摸的指示器，表明手枪已经装弹。HS2000 手枪采用可拆卸式弹匣供弹，弹匣使用抛光不锈钢和聚合物制造。

手枪及其弹匣

# Chapter 04

# 榴弹发射器

　　榴弹发射器是一种发射小型榴弹的轻武器。因其体积小、火力猛，有较强的面杀伤威力和一定的破甲能力，主要用于毁伤开阔地带和掩蔽工事内的有生目标及轻装甲目标。对于特种部队来说，便于携带且威力强大的榴弹发射器是必不可少的火力支援武器。

# 美国 M203 榴弹发射器

　　M203 榴弹发射器是由美国研制的单发下挂式榴弹发射器，主要对应 M16 突击步枪及 M4 卡宾枪，其衍生型可对应其他多种步枪，也可装上手枪握把及枪托独立使用。

| 基本参数 | |
|---|---|
| 口径 | 40 毫米 |
| 全长 | 380 毫米 |
| 枪管长 | 305 毫米 |
| 重量 | 1.36 千克 |
| 弹容量 | 76 发 |
| 相关简介 | |

## 研发历史

　　1967 年 7 月，美国陆军武器研究部门宣布了一项名为"榴弹发射器附件研究"（GLAD）的计划，明确要求发展一种代替 XM148 的榴弹发射器。经过对比试验后，美国陆军于 1968 年 11 月决定试用 AAI 公司的榴弹发射器，并命名为 XM203。经过少量改进后，XM203 在 1970 年 8 月被正式命名为 M203。之后，M203 榴弹发射器开始装备美军部队，彻底取代 M79 榴弹发射器及 XM148 榴弹发射器。

## 实战性能

　　M203 榴弹发射器下挂在步枪的护木下方，发射器的扳机在步枪弹匣前面，发射时用弹匣充当握把，附有可分离式的象限测距瞄准具及立式标尺。装填弹药时，先按下枪管锁钮让枪管前进，便可从枪管后方装填弹药，一旦让枪管恢复原位，撞针便会进入待发模式，之后瞄准并扣下扳机，即可发射榴弹。M203 榴弹发射器令士兵的榴弹发射器与步枪结合，以单一武器发射子弹及榴弹，降低了士兵的装备重量。

### 趣味小知识

　　M203 榴弹发射器可发射高爆弹、人员杀伤弹、烟幕弹、鹿弹、照明弹、气体弹及训练弹，在发射 40×46 毫米榴弹时，有效射程为 150 米，最大射程为 400 米。

装有 M203 榴弹发射器的 M4 卡宾枪

装在 M16 突击步枪上的 M203 榴弹发射器

使用 M203 榴弹发射器的美国海军"海豹"突击队员

# 美国 M320 榴弹发射器

M320 榴弹发射器是由德国黑克勒・科赫公司为美国军队研制的单发 40 毫米榴弹发射器，正式名称为 M320 榴弹发射器模组。

## 研发历史

21 世纪初期，美国陆军要求以新的 40 毫米单发榴弹发射器替换日渐老旧的 M203 榴弹发射器，多家公司参与了竞标。2006 年，成功中标的德国黑克勒・科赫公司提供其设计的 XM320 榴弹发射器给美军试验，完成试验后改称为 M320 榴弹发射器，2008 年开始批量生产，2009 年开始服役。

| 基本参数 | |
|---|---|
| 口径 | 40 毫米 |
| 全长 | 285 毫米 |
| 枪管长 | 215 毫米 |
| 重量 | 1.27 千克 |
| 弹容量 | 76 发 |
| 相关简介 | |

## 实战性能

M320 榴弹发射器与 M203 榴弹发射器的运作原理相似，与 M203 一样，M320 可安装在 M16 突击步枪、M4 卡宾枪上，位于枪管底下、弹匣前方。不过，M320 拥有整体式握把，无须以弹匣充当握把。目前，独立使用版的 M320 配有火控系统及类似

装在 M4 卡宾枪上的 M320 榴弹发射器

MP7 冲锋枪的开合式前握把。M320 的弹膛向左打开，可发射 M203 的所有弹药，如高爆弹、人员杀伤弹、烟幕弹、照明弹及训练弹，甚至新型的长身弹药及非致命弹药。M320 拥有双动扳机及两边可操作的安全装置，比 M203 更加灵活。

# 美国 Mk 13 Mod 0 榴弹发射器

Mk 13 Mod 0 榴弹发射器是由比利时国营赫斯塔尔公司为 FN SCAR 突击步枪配套研制的单发下挂式榴弹发射器，也可通过增加手枪握把及枪托配件改装成一个独立的肩射型榴弹发射器，发射 40×46 毫米低速榴弹。

## 研发历史

1995 年，赫斯塔尔公司推出采用模块化设计的 FN F2000 步枪，其枪管下方可以加装 GL1 下挂式榴弹发射器模块，颜色及外观设计与 FN F2000 步枪融为一体。2004 年，赫斯塔尔公司研制的 FN SCAR 步枪也采用模块化设计，并加装有下挂式榴弹发射器组件，这个榴弹发射器正是以 GL1 为蓝本改进而成，FN 公司内部命名为"增强型榴弹发射器组件"（Enhanced Grenade Launcher Module，EGLM），对外称为 FN 40GL。美军将 FN SCAR 正式定型为 Mk 16/Mk 17 后，FN 40GL 也被定型为 Mk 13 Mod 0。

| 基本参数 | |
| --- | --- |
| 口径 | 40 毫米 |
| 全长 | 673 毫米 |
| 枪管长 | 244 毫米 |
| 重量 | 2.69 千克 |
| 弹容量 | 1 发 |
| 相关简介 | |

## 实战性能

Mk 13 Mod 0 榴弹发射器由机匣、枪管、纯双动操作扳机座组成。其军用标准的坚硬铝合金制造枪管表面具有哑光黑的耐腐蚀处理，因此有高耐用性和重量轻等优势。与德国黑克勒·科赫公司的 HK AG36、AG-C/EGLM 及 M320 榴弹发射器枪管尾端只能向左侧摆出的结构相比，Mk 13 Mod 0 的膛室打开方式更方便，无论何种射击姿势或何种射击位置，均可方便地以自己顺手的方式打开膛室。在激烈的战场环境中，无论以任何射击姿势都可以轻易地从膛室装弹和退弹，这种两侧都能摆动的侧摆式结构具有十分明显的优势。

增加了手枪握把及枪托配件的 Mk 13 Mod 0 榴弹发射器

安装在 FN SCAR 突击步枪上的 Mk 13 Mod 0 榴弹发射器

> **趣味小知识**
>
> Mk 13 Mod 0 榴弹发射器的枪管采用侧摆式装填结构，枪管尾端可向左侧或右侧摆动以打开膛室，进行装弹或退壳操作，无论左、右手的射手都可以灵活地操作。

# 美国 Mk 19 榴弹发射器

Mk 19 榴弹发射器是由美军从 20 世纪 60 年代装备至今的一种 40 毫米口径的全自动榴弹发射器，除美军普通部队和特种部队使用外，还出口到近 20 个国家。

| 基本参数 | |
| --- | --- |
| 口径 | 40 毫米 |
| 全长 | 1 090 毫米 |
| 枪管长 | 413 毫米 |
| 重量 | 35.2 千克 |
| 弹容量 | 240 发 |
| 相关简介 | |

## 研发历史

Mk 19 榴弹发射器于 1966 年开始研制，1968 年开始批量生产。在越南战争中，Mk 19 榴弹发射器是美国海军巡逻艇上的武器之一，其后美国陆军也有装备并做出改良。Mk 19 榴弹发射器的可靠性令它成为美军各种载具的主要武器，如"悍马"装甲车、"斯特赖克"装甲车、两栖突击载具、全地型车辆、突击快艇、巡逻艇、直升机等。

## 实战性能

Mk 19 榴弹发射器发射 40×53 毫米榴弹，理论射速为 375 ~ 400 发 / 分，实际射速 40 ~ 60 发 / 分。Mk 19 榴弹发射器可由两人以上的步兵携带，也可安装在车辆上，其常用弹药为 M430 多用途高爆弹，具有 5 米致死范围及 15 米的伤害范围，对付步兵尤其有效，也可在直射时击穿 66 毫米厚的均质装甲，因此 Mk 19 榴弹发射器在一定范围可对抗装甲运兵车，甚至是步兵战车。

### 趣味小知识

Mk 19 榴弹发射器所发射的弹药最小引爆距离为 75 米，其消焰器可以有效散去发射时喷出的烟雾，以免被敌人发现。夜间作战时，机匣顶部可安装 AN/TVS-5 夜视镜。

# 美国 Mk 47 榴弹发射器

Mk 47 榴弹发射器是由美国于 21 世纪初研制的 40 毫米口径自动榴弹发射器，也被称为"打击者 40"（Striker 40），2005 年开始服役。

美军特种兵在装甲车上架设 Mk 47 榴弹发射器

## 研发历史

2006 年 7 月，通用动力公司获得价值 2300 万美元的 Mk 47 Mod 0 生产合约，其生产工作由通用动力公司在缅因州索科市的工厂完成。在此期间，通用动力公司与雷神公司就研制 Mk 47 榴弹发射器的轻量化视像瞄准设备展开了合作。同年，美国特种作战司令部少量采用 Mk 47 榴弹发射器，这批武器被命名为"先进轻型自动榴弹发射器"（Advanced Lightweight Grenade Launcher，ALGL），并在阿富汗和伊拉克投入实战使用。2009 年 2 月，通用动力公司再度获得价值 1200 万美元的 Mk 47 榴弹发射器生产合约。

| 基本参数 | |
|---|---|
| 口径 | 40 毫米 |
| 全长 | 940 毫米 |
| 枪管长 | 610 毫米 |
| 重量 | 205 千克 |
| 弹容量 | 18 发 |
| 相关简介 | |

## 实战性能

Mk 47 榴弹发射器配备了先进的检测、瞄准和电脑程序技术。该武器的轻量化视像瞄准设备是由雷神公司所生产，而其尖端的火控系统采用了最先进的激光测距系统、夜视系统和弹道电脑技术。除了能够像 Mk 19 榴弹发射器一样发射所有北约标准的高速 40 毫米榴弹以外，Mk 47 还可发射能够在设定距离进行空爆的 MK285 照明榴弹，其电脑化的瞄准设备能够让用户自行设定距离。

# 俄罗斯 GP-25 榴弹发射器

GP-25 榴弹发射器是由苏联时期设计生产的 40 毫米单发下挂式榴弹发射器，主要下挂于 AK 枪族，发射 40 毫米无弹壳榴弹。

## 研发历史

GP-25 榴弹发射器于 1966 年开始研制，研制工作持续到 20 世纪 70 年代。1978 年，GP-25 榴弹发射器开始大规模配发至苏军各大部队服役。GP-25 榴弹发射器有 GR-30、GR-30M 和 GP-34 等多种衍生型号，其中 GP-34 是GP-25 的升级版本，有着更轻、更容易量产、更容易使用和瞄准具更准确的优点。目前，GP-25 系列榴弹发射器不仅是俄罗斯军队的制式装备，同样也大量装备于特种部队。

| 基本参数 | |
|---|---|
| 口径 | 40 毫米 |
| 全长 | 323 毫米 |
| 枪管长 | 120 毫米 |
| 重量 | 1.5 千克 |
| 弹容量 | 76 发 |
| 相关简介 | |

## 实战性能

GP-25 榴弹发射器有着类似于其他下挂式榴弹发射器的外观，枪管有 12 条很短的右旋膛线，双动式扳机设计简单，扳机连着一个方便舒适的小型空心橡胶握把，左侧安装有缺口式象限测距瞄准具。枪管的顶部备有连接座，可以直接装上 AK 枪族的枪管下方的刺刀座，而且不需要任何工具。不过，装上了 GP-25 榴弹发射器就无法同时装上刺刀。

### 趣味小知识

GP-25 榴弹发射器经历了阿富汗、车臣等多次局部战争，表现不俗，它在不占人员编制的情况下，为步兵提供了强大火力支援，受到了军方的好评。

# 俄罗斯 AGS-17 榴弹发射器

AGS-17 榴弹发射器是由苏联时期设计生产的 30 毫米全自动型榴弹发射器，1967 年开始服役，主要用于打击敌方人员、载具。

## 研发历史

20 世纪 60 年代，美军在局部战争中使用 M203 榴弹发射器取得了显著的效果，苏联由此受到启发。1967 年，苏联图拉仪器设计局开始研制 AGS-17 榴弹发射器。基本型号研制成功后，又开发出直升机用版本，安装在米 -24 "雌鹿" 武装直升机上。目前，AGS-17 榴弹发射器仍然是俄罗斯步兵部队使用的直接火力支援武器，主要提供给连级部队使用。必要时，俄罗斯特种部队也会使用 AGS-17 榴弹发射器。

| 基本参数 | |
|---|---|
| 口径 | 30 毫米 |
| 全长 | 840 毫米 |
| 枪管长 | 290 毫米 |
| 重量 | 31 千克 |
| 弹容量 | 185 发 |
| 相关简介 | |

## 实战性能

AGS-17 榴弹发射器是后膛装填式全自动武器，具有使用灵活、携行方便的优点，可根据战术需要实施单发、连发射击，以及实施平射或曲射射击。AGS-17 榴弹发射器配有机械瞄准具和光学瞄准镜。一般情况下使用机械瞄准具，远距离时使用光学瞄准镜。光学瞄准镜的放大倍率为 2.7 倍，并具有夜间照明的功能。AGS-17 榴弹发射器主要发射苏联生产的 30 毫米 VOG-17 杀伤榴弹，以及有所改进的 VOG-17M 和 VOG-30 榴弹。

### 趣味小知识

阿富汗战争期间，AGS-17 榴弹发射器是最受苏军欢迎的地面支援武器之一，有些士兵还在装甲运兵车和卡车的车顶上安装了简易支架，并使其作为车辆武器。

# 俄罗斯 AGS-30 榴弹发射器

AGS-30 榴弹发射器是由苏联设计的 30 毫米自动榴弹发射器，由 AGS-17 榴弹发射器改进而来，发射 30×29 毫米无弹壳榴弹。

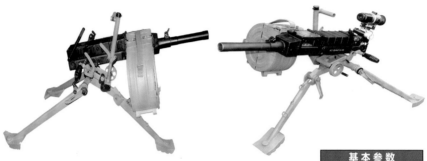

| 基本参数 | |
|---|---|
| 口径 | 30 毫米 |
| 全长 | 1 165 毫米 |
| 枪管长 | 290 毫米 |
| 重量 | 16 千克 |
| 弹容量 | 185 米 / 秒 |
| 相关简介 | |

## 研发历史

AGS-30 榴弹发射器和 AGS-17 榴弹发射器一样是班用步兵支援武器，设计上是安装在三脚架上或安装在装甲战斗车辆上。AGS-30 榴弹发射器同样由图拉仪器设计局设计，研制工作始于 20 世纪 90 年代初，但直到 1999 年才开始批量生产。除俄罗斯外，亚美尼亚、阿塞拜疆、孟加拉国、印度和巴基斯坦等国也有采用。

## 实战性能

AGS-30 榴弹发射器的结构原理基本上是由 AGS-17 榴弹发射器改进而来，同样是后坐式枪机，可选择单发或连发。另外，弹药和弹链也与 AGS-17 榴弹发射器相同。不过，AGS-30 榴弹发射器的握把是安装在三脚架的摇架上，而不是发射器上，扳机则位于右侧握把上。标准瞄准具有 2.7 倍放大倍率的 PAG-17 光学瞄准具和后备机械瞄具。新设计的轻巧三脚架能提供更宽广的射击角度。而减轻重量后的 AGS-30 榴弹发射器的火力、杀伤力和弹道性能与 AGS-17 榴弹发射器一样。此外，AGS-30 榴弹发射器的操作和维修也大大简化了。

### 趣味小知识

与 AGS-17 榴弹发射器相比，AGS-30 榴弹发射器的重量几乎是前者的一半，所以 AGS-30 榴弹发射器只由一个人就可操控，也可一个人携带，在战斗中转移阵地更方便，部署在室内战斗时也更机动。

# 俄罗斯 RG-6 榴弹发射器

RG-6 榴弹发射器是由俄罗斯图拉仪器设计局生产的轻型双动操作 6 发肩射型榴弹发射器，发射 40 毫米无弹壳榴弹，1994 年开始服役。

瞄具特写

弹仓特写

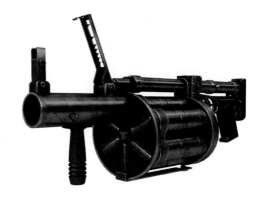

## 研发历史

RG-6 榴弹发射器的设计目的是针对车臣战争的经验，为战斗小分队在城市战斗中提供一种压制火力的步兵支援武器，填补下挂式榴弹发射器（GP-25）和自动榴弹发射器（AGS-17）之间的火力空白。1994 年，RG-6 榴弹发射器开始批量生产，最初装备俄罗斯陆军和内务部的特种部队和特遣队。之后，RG-6 榴弹发射器逐渐在俄罗斯军队的各个部队中广泛使用。

| 基本参数 | |
|---|---|
| 口径 | 40 毫米 |
| 全长 | 690 毫米 |
| 枪管长 | 145 毫米 |
| 重量 | 6.2 千克 |
| 枪口初速 | 76 米 / 秒 |
| 相关简介 | |

## 实战性能

RG-6 榴弹发射器的原理其实是参考南非连发式榴弹发射器（MGL），也是用卷簧驱动一个 6 发转轮弹仓。不同的是 RG-6 榴弹发射器使用俄罗斯的 40 毫米无弹壳榴弹，包括 VOG-25 榴弹和 VOG-25P 榴弹。在具体结构和操作方式上，RG-6 榴弹发射器和 MGL 也有着较大的区别。RG-6 榴弹发射器使用的是立式标尺机械瞄具，不使用时立式标尺和片状准星均可折叠。由于没有整合或装上瞄准镜导轨，因此不能装上光学瞄准镜。总的来说，RG-6 榴弹发射器的设计比较粗糙，但胜在可靠和持久，而且容易拆卸清洗和润滑。

# 俄罗斯DP-64榴弹发射器

DP-64榴弹发射器是由苏联研制的特殊用途双管榴弹发射器，目前仍在俄罗斯军队中服役。

## 研发历史

DP-64榴弹发射器的研制工作始于1989年，1990年开始批量生产。DP-64榴弹发射器主要装备海军特种部队和海军步兵，用于保护沿海设施。这种武器还能够在直升机上使用，从而以更大面积进行巡逻，以保护目标。除苏联和俄罗斯外，DP-64榴弹发射器还被越南和哈萨克斯坦军队采用。

## 实战性能

DP-64榴弹发射器的主要组成部分包括一个巨大的聚合物质枪托，以及两支枪管，此外还有一个前握把，用于稳固武器。枪托配有一个用于降低后坐力的橡胶垫。枪管上方有两种不同的金属机械瞄具。DP-64榴弹发射器采用后膛装填式设计，操作起来就像一把大型中折式双管猎枪一样。

| 基本参数 | |
|---|---|
| 口径 | 45毫米 |
| 全长 | 820毫米 |
| 枪管长 | 110毫米 |
| 重量 | 10千克 |
| 弹容量 | 2发 |
| 相关简介 | |

榴弹发射器及其弹药

# 俄罗斯 GM-94 榴弹发射器

GM-94 榴弹发射器是由俄罗斯设计生产的一种泵动式操作的榴弹发射器,目前正被俄罗斯联邦安全局和俄罗斯内务部的特种部队所使用。

| 基本参数 ||
|---|---|
| 口径 | 43 毫米 |
| 全长 | 810 毫米 |
| 重量 | 4.8 千克 |
| 枪口初速 | 85 米 / 秒 |
| 有效射程 | 300 米 |
| 相关简介 | |

## 研发历史

20 世纪 90 年代,由于 VOG-25 和 VOG-25P 这两种榴弹都不能在城市战中提供足够的破坏效果,俄罗斯军队开始考虑换装新的榴弹发射器,并提出了以下要求:暴露的外部特征要少;可以在封闭空间内有效射击;机动性强;射速高;射击精度和密集度好。根据这些要求,图拉仪器设计局根据"猞猁"霰弹枪的特点所设计出来的 GM-94 榴弹发射器脱颖而出。GM-94 榴弹发射器的设计目的是满足俄罗斯特种部队的战斗需求,它的作战目标是为了让射手在城市战之中可以发射高爆榴弹或者非致命性榴弹。

## ⟩ 实战性能

GM-94 榴弹发射器采用击针自动扳起式击发机构，只有手指扣动扳机时，击针簧才处于待击状态，这样就保证了武器在膛内有弹的情况下仍然可以安全携带。GM-94 榴弹发射器的肩托折叠起来可作为携行时的提把，武器从行军状态转换到战斗状态只需一两秒钟。目前，大多数国家军队及警察部队装备的单发手动榴弹发射器均采用 40 毫米口径，而 GM-94 榴弹发射器则采用 43 毫米口径。GM-94 榴弹发射器从下方抛壳，这一点对于在建筑物、交通工具中使用武器来说十分重要，甚至对于左撇子射手来说也很方便。

榴弹发射器及其弹药袋

### 趣味小知识

由于 GM-94 榴弹发射器采用泵动式设计，所以射手通过向前推动发射管就可以完成重新装填，这种设计减小了武器本身的体积和质量，也减少了零部件和装配单位的数量。

# 德国 HK AG36 榴弹发射器

HK AG36 榴弹发射器是由德国黑克勒·科赫公司于 21 世纪初设计生产的 40 毫米单发下挂式榴弹发射器，发射 40×46 毫米低速榴弹。

下挂式 HK AG36 榴弹发射器

肩射型 HK AG36 榴弹发射器

## 研发历史

HK AG36 榴弹发射器是黑克勒·科赫公司为了参加美国陆军的"增强型榴弹发射器模组"（Enhanced Grenade Launcher Module，EGLM）项目而研制的下挂式榴弹发射器，为了推广这种新的榴弹发射器，黑克勒·科赫公司还增加枪托发展出可单独使用的型号。HK AG36 榴弹发射器已被德国国防军采用，取代 HK69A1 榴弹发射器。另外，HK AG36 也会成为德国"未来士兵系统"的一部分。除德国外，英国、法国、西班牙和土耳其等国也有装备。

| 基本参数 | |
|---|---|
| 口径 | 40 毫米 |
| 全长 | 350 毫米 |
| 全宽 | 280 毫米 |
| 重量 | 1.5 千克 |
| 枪口初速 | 76 米 / 秒 |
| 相关简介 | |

## 实战性能

HK AG36 榴弹发射器使用便利的双动式扳机，发射机座的两侧都装有手动式保险杆。与美国 M203 榴弹发射器的设计相反，HK AG36 的设计是横向式装填，并可以在必要时使用更长的弹药，因此使用起来比较灵活，几乎能够发射所有的 40×46 毫米低速榴弹。HK AG36 原本设计下挂于 HK G36 突击步枪，但由于其模块化设计的关系，因此也很容易下挂于其他枪械，如 M16 突击步枪、M4A1 卡宾枪、HK416 突击步枪等。最重要的是，无论 HK AG36 下挂于任何步枪，均不会影响步枪的射击精度或其操作系统。

### 趣味小知识

HK AG36 榴弹发射器装有皮卡汀尼战术导轨，可安装激光瞄准器或其他辅助瞄准器。如果要把 HK AG36 由下挂式改装成为肩射型，只需要装上枪托组件就可。

# 德国 HK GMG 榴弹发射器

HK GMG 榴弹发射器是由德国黑克勒·科赫公司为德国国防军设计生产的 40 毫米自动榴弹发射器，发射 40×53 毫米榴弹。

## 研发历史

1992 年，黑克勒·科赫公司开始研制新的全自动型榴弹发射器。1995 年，黑克勒·科赫公司生产了 4 具 HK GMG 榴弹发射器的试验型，当年 3 月交付德国国防军在德国北部的梅彭试验场进行测试。之后开始实用性试验，其中在哈默贝尔格进行实弹射击。1997 年 7 月，HK GMG 榴弹发射器在亚利桑那州的沙漠地区试验场进行热带与沙漠地带可靠性试验，以争取美军的订购合同。2000 年，德国国防军正式选定改进后的 HK GMG 榴弹发射器作为制式武器，德国陆军特种部队比常规部队更早一步装备。此外，德国空军军团、德国海军陆战队专业海上部队和海岸防卫部队也有采用。

| 基本参数 | |
| --- | --- |
| 口径 | 40 毫米 |
| 全长 | 1090 毫米 |
| 全宽 | 415 毫米 |
| 重量 | 28.8 千克 |
| 枪口初速 | 241 米 / 秒 |
| 相关简介 | |

## 实战性能

HK GMG 榴弹发射器采用反冲式后坐作用，发射 40×53 毫米高速榴弹，配用的榴弹用钢质弹链联结使用。HK GMG 榴弹发射器使用轻便的铝合金制造机匣，减轻了整体质量。该榴弹发射器可以轻易地在半自动射击和全自动射击之间切换，并可以利用机匣盖上的两条皮卡汀尼战术导轨安装各种现有的瞄准具（包括光学瞄准镜、夜视镜和红外线），令其能够在各种情况下对大量和多种类型的敌方目标进行更精确、更大范围和远距离轰炸。

# 瑞士 GL-06 榴弹发射器

GL-06 榴弹发射器是由瑞士布鲁加·托梅公司于 2008 年设计生产的肩射型榴弹发射器，发射 40×46 毫米低速榴弹。

| 基本参数 | |
|---|---|
| 口径 | 40 毫米 |
| 全长 | 590 毫米 |
| 枪管长 | 280 毫米 |
| 重量 | 2.05 千克 |
| 枪口初速 | 85 米 / 秒 |
| 相关简介 | |

## 研发历史

21 世纪以来，一些欧洲国家为提升执法机关维持公共秩序的能力，对非致命性的特殊防爆榴弹武器系统的需求越来越强烈。此时，新一代榴弹武器系统正朝轻型化、大口径且能发射各种非致命性弹药的方向发展。同时，还应具有较高精度，特别是在对峙期间可以轻易、准确地针对人体弱点瞄准及射击。2008 年，瑞士布鲁加·托梅公司设计生产了 GL-06 榴弹发射器，可发射致命性弹药的 40 毫米低速榴弹，也可发射 40 毫米非致命性弹药。除瑞典本国军队使用，还成功出口到其他国家的军警单位，如法国宪兵特勤队和冰岛警察。

## 实战性能

GL-06 榴弹发射器是一款独立使用的 40 毫米口径榴弹发射器，不能加挂到步枪上。之所以没有采用下挂式设计，与其主要功能定位有关。GL-06 榴弹发射器可使用多种弹药，基本上只要符合 40×46 毫米规格的弹药均可使用。其采用中折式装填结构，而非前推装填，很大程度上是出于对弹药兼容性的考虑。GL-06 榴弹发射器能执行多重战术任务，当使用非致命性弹药时，它能有效地完成骚乱人群控制和治安任务。而当装填高爆弹药时，它又是一款可靠的地面战术支援武器。

> **趣味小知识**
>
> GL-06 榴弹发射器的所有操作部件均可左、右手通用，就连挂载战术枪背带的圆孔也是两侧设计，增加了使用的灵活性。

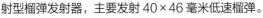

# 南非连发式榴弹发射器

连发式榴弹发射器（MGL）是由南非米尔科姆有限公司生产的轻型双动操作肩射型榴弹发射器，主要发射 40×46 毫米低速榴弹。

M32 MGL 榴弹发射器旋转弹仓特写

| 基本参数 | |
| --- | --- |
| 口径 | 40 毫米 |
| 全长 | 812 毫米 |
| 枪管长 | 300 毫米 |
| 重量 | 5.3 千克 |
| 枪口初速 | 76 米 / 秒 |
| 相关简介 | |

## 研发历史

1981 年，南非米尔科姆有限公司对南非国防军展示了连发式榴弹发射器（MGL）的基本设计概念。MGL 的操作原理立即就被接受，随即全面展开研发工作。1983 年，MGL 正式在南非国防军中服役，并且被命名为 Y2。此后，MGL 逐渐地被数十个国家的军队和执法机关所采用，从 1983 年至今的总产量已超过 50 000 支。MGL 有多种衍生型，如 MGL Mk 1、MGL Mk 1S、MGL Mk 1L、MGL-140 等，而美国海军陆战队装备的 M32 MGL 就是在 MGL-140 基础上改进而来。

## 实战性能

MGL 的设计简单、坚固，而且可靠。它采用了久经考验的左轮手枪的设计，实现高精确率的射击，并且可以迅速地发射，以迅速达到对目标猛烈轰炸的火力。与其他 40 毫米榴弹发射器相比，MGL 有 6 发弹容量，能在 3 秒内全部发射，因此在伏击或快速通过城市的战斗中相当有用。美国海军陆战队装备的 M32 MGL 配备了 M2A1 反射式瞄准镜，并具有皮卡汀尼战术导轨以安装战术配件。虽然 MGL 的主要用途是发射高爆榴弹以协助进攻和防御，但也可以装备适当的弹药以便在防爆用途和维和行动中发射以防止伤亡。

# Chapter 05

# 反装甲和防空武器

特种部队经常深入敌后执行特殊任务，时刻面临敌方装甲车辆和武装直升机的威胁，为了提高自己的生存能力，必须配备强有力的反装甲武器和防空武器。

# 美国 M72 轻型反装甲武器

M72 轻型反装甲武器（M72 LAW）是由美国黑森东方公司于 20 世纪 50 年代后期研制的一种 66 毫米口径反坦克火箭筒，1963 年年初被美国陆军及海军陆战队采用。

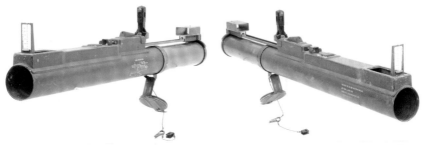

## 研发历史

二战期间，美国军队大量使用"巴祖卡"火箭筒，并在战后继续使用。然而，"巴祖卡"火箭筒巨大、笨重且容易损坏，不但如此，它还需要两名经过训练且十分细心的士兵进行有效的操作。为了发展一种轻巧、便宜并可广泛使用于各种状况下的单兵反坦克武器，美国军队对外发起了招标。1958 年，黑森东方公司开始研发 M72 轻型反装甲武器，1963 年年初被美国陆军及海军陆战队采用，并取代 M31 枪榴弹和 M20A1"超级巴祖卡"火箭筒，成为主要的单兵反坦克武器。

| 基本参数 | |
|---|---|
| 口径 | 66 毫米 |
| 全长 | 880 毫米 |
| 总重 | 2.5 千克 |
| 初速 | 145 米 / 秒 |
| 有效射程 | 200 米 |
| 相关简介 | |

## 实战性能

M72 LAW 由一个两截式的筒状发射管，以及装在其中的一枚火箭弹所组成。尽管更具威力的 AT-4 反坦克火箭筒逐渐取代日益老旧的 M72 LAW，但后者却在伊拉克战争中找到新的舞台，低消耗和重量轻的特点，加上当地城镇和山区缺乏现代化重装目标，使 M72 LAW 成为理想的城市战利器。在任务执行时，美军士兵一次只能携带一具 AT-4，但却能携带两具 M72 LAW。

M72 轻型反装甲武器及其弹药

# 美国 FIM-92 "毒刺" 防空导弹

FIM-92 "毒刺" (FIM-92 Stinger) 导弹是由美国研制的单兵近程防空导弹, 主要用于战地前沿或要地的低空防御, 美国特种部队也将其作为防空武器。

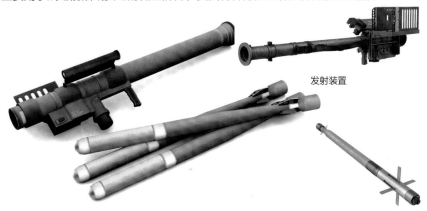

发射装置

## 研发历史

1971 年, 美国陆军选择了 "红眼睛" Ⅱ型当作未来的便携式防空导弹, 型号为 FIM-92。随着计划的升级, 1972 年 3 月, "红眼睛" Ⅱ型被重新命名为 "毒刺", 被称为第二代便携式防空导弹。"毒刺" 设计使用一个更灵敏的导引头和拥有更好的动力学性能, 增加迎头交战能力和一个综合 "敌我识别" (IFF) 系统。该导弹于 1973 年 11 月开始制导测试, 但是因为技术上的问题暂停和重新启动几次。1978 年, "毒刺" 导弹开始批量生产。

| 基本参数 | |
|---|---|
| 口径 | 70 毫米 |
| 全长 | 1 520 毫米 |
| 总重 | 15.19 千克 |
| 弹头重量 | 3 千克 |
| 最高速度 | 2 695 千米 / 时 |
| 相关简介 | |

## 实战性能

"毒刺" 导弹设计为一种防御型导弹, 虽然官方要求两人一组操作, 但是单人也可操作。与 FIM-43 "红眼睛" 导弹相比, "毒刺" 导弹有两个优势: 一是采用第二代冷却锥形扫描红外自动导引弹头, 提供全方位探测和自导引能力, 具有 "射后不理" 能力; 二是 "毒刺" 导弹装有敌我识别系统, 当友军和敌军飞机在同一空域时, 这是一个非常明显的优势。"毒刺" 导弹也可装在 "悍马" 装甲车改装的平台上, 或者 M2 步兵战车上。此外, 也可以由伞兵携带, 快速部署于敌军后方。

# 美国 FGM-148 "标枪" 反坦克导弹

FGM-148 "标枪"（FGM-148 Javelin）导弹是由美国德州仪器公司和马丁·玛丽埃塔公司联合研发的单兵反坦克导弹，现由雷神公司和洛克希德·马丁公司生产。

发射装置

"标枪"导弹

## 研发历史

FGM-148 "标枪"导弹于 1989 年开始研制，研制工作由德州仪器公司和马丁·玛丽埃塔公司共同完成，1994年开始批量生产，1996 年正式服役，取代控制手段落后的M47 "龙"式反坦克导弹。FGM-148 "标枪"导弹曾用于2003 年的伊拉克战争，并对伊拉克的 T-72 坦克和 69 式坦克造成巨大威胁。在美国军队中，不仅普通部队大量装备FGM-148 "标枪"导弹，特种部队也非常喜爱这种武器。

| 基本参数 | |
|---|---|
| 口径 | 130 毫米 |
| 全长 | 1 100 毫米 |
| 总重 | 22.3 千克 |
| 弹头重量 | 8.4 千克 |
| 最高速度 | 1 400 千米 / 时 |
| 相关简介 | |

## 实战性能

FGM-148 "标枪"导弹是世界上第一种采用焦平面阵列技术的便携式反坦克导弹，配备了一个红外线成像搜寻器，并使用两枚锥形装药的纵列弹头，前一枚引爆任何爆炸性反应装甲，主弹头贯穿基本装甲。该导弹是一种"射前锁定、射后不理"导弹，对装甲车辆采用顶部攻击的飞行模式，攻击一般而言较薄的顶部装甲，但也可用直接攻击模式攻击建筑物或防御阵地，直接攻击模式时也可以用以接战直升机。顶部攻击时的飞高可达 150 米，直接攻击时则是 50 米。FGM-148 "标枪"导弹系统的缺点在于重量大，射程较近。

# 俄罗斯 RPG-7 反坦克火箭筒

RPG-7 火箭筒是苏联时期研制的单兵反坦克火箭筒，1961 年开始服役，主要用于近距离打击坦克、装甲车辆和摧毁工事。

发射筒和火箭弹

| 基本参数 | |
| --- | --- |
| 口径 | 40 毫米 |
| 全长 | 950 毫米 |
| 总重 | 7 千克 |
| 初速 | 115 米 / 秒 |
| 有效射程 | 200 米 |
| 相关简介 | |

## 研发历史

20 世纪 50 年代末，随着世界各国主战坦克的装甲性能不断改进和提高，苏军装备的 RPG-2 火箭筒的威力已明显不足，而且射程近，喷火焰大。因此，苏联开始研制 RPG-2 火箭筒的替代装备，其成果就是 RPG-7 火箭筒。该火箭筒于1961 年开始批量生产，到 1966 年为止，全面取代了 RPG-2 火箭筒。除装备苏军外，RPG-7 火箭筒还大量装备其他国家的军队。

## 实战性能

RPG-7 火箭筒由发射筒、瞄准具、手柄、护板、背带、两端护套、握把以及发射机构、击发机构、保险装置等组成。RPG-7 火箭筒的有效射程为 200 米，最大射程为 1000 米。穿甲能力依据目标距离不同，轧制均质装甲的穿甲厚度为 350毫米到 400 毫米。这种火箭筒不仅能对运输车辆、坦克、装甲车等陆地交通工具构成相当威胁，对于造价昂贵的航空器，如直升机、低空飞行的攻击机等也能造成杀伤。

> **趣味小知识**
>
> RPG-7 火箭筒的发射筒采用合金钢制成，前端有火箭弹定位销缺口，后端有护盘。筒身顶部有准星座和表尺座，筒身左侧有光学瞄准镜固定板。

# 俄罗斯 SPG-9 无后坐力炮

SPG-9 无后坐力炮是由苏联于 20 世纪 60 年代研制的一种步兵用反坦克武器，取代之前装备的 82 毫米 B-10 无后坐力炮，主要装备摩托化步兵营，俄罗斯特种部队也将其作为支援武器。

| 基本参数 | |
| --- | --- |
| 口径 | 73 毫米 |
| 全长 | 2 110 毫米 |
| 总高 | 800 毫米 |
| 总重 | 47.5 千克 |
| 枪口初速 | 435 米 / 秒 |
| 相关简介 | |

## ▌▌▌★ 研发历史

SPG-9 无后坐力炮是苏联在 RPG-7 火箭筒及其弹药的基础上改进设计而成，主要任务是摧毁坦克、步兵战车和杀伤有生目标。1962 年，SPG-9 无后坐力炮开始装备摩托化步兵营的反坦克排，每排装备两具，目的是与 AT-3 反坦克导弹一起构成营、团两级反坦克火力系统，以取代 B-10 无后坐力炮、B-11 无后坐力炮和 M43 式 37 毫米反坦克炮。之后，又研制成 SPG-9D 式 73 毫米火箭筒，主要装备空降部队。

## ▌▌▌★ 实战性能

SPG-9 无后坐力炮是一种架设在三脚架上的滑膛无坐力炮，口径为 73 毫米。虽然名为无坐力炮，但其发射的 PG-9 破甲弹事实上是一种火箭增程弹，发射药将弹体推出炮口后火箭发动机点火推动炮弹继续飞行，这和 RPG-7 火箭筒的弹药极其类似，因此 SPG-9 无后坐力炮更类似于一种重型火箭筒。SPG-9 无后坐力炮由 2 名士兵操作，通常由 2 人携带，也可用带 2 个小轮的炮架拖运。

### 趣味小知识

SPG-9 无后坐力炮采用后膛装填方式，装弹时可把尾喷管向左侧移开，装弹后再移回原位锁定。机械式发射、击发机构与 RPG-7 火箭筒相似。

# 俄罗斯 9M14 "婴儿" 反坦克导弹

9M14 "婴儿" 导弹是由苏联设计生产的步兵反坦克武器，主要装备苏军摩托化步兵营的反坦克排和空降部队，北约代号为 AT-3 "赛格"（Sagger）。

导弹及其存储箱

## 研发历史

9M14 "婴儿" 导弹由位于柯洛姆纳的涅波别季梅机械制造设计局于 20 世纪 50 年代后期开始研制，车载原型及改进型分别于 1961 年和 1963 年开始服役，装备苏联的装甲战车，1965 年 5 月首次出现在莫斯科红场举行的阅兵式上。随后，机载改进型于 1968 年开始服役，装备苏联的多种武装直升机。该系列导弹直到 20 世纪 80 年代初才停产，总生产量超过 2 万枚。时至今日，俄罗斯军队仍然在使用 9M14 "婴儿" 导弹。

| 基本参数 | |
|---|---|
| 口径 | 125 毫米 |
| 全长 | 860 毫米 |
| 总重 | 10.9 毫米 |
| 弹头重量 | 2.6 千克 |
| 最高速度 | 130 米 / 秒 |
| 相关简介 | |

## 实战性能

9M14 "婴儿" 导弹是苏联第一代反坦克导弹中性能较好的一种，曾大量出口到第三世界国家，并在历次局部战争中广泛使用。但它的飞行速度较小，易受风力影响，死角区域较大，最小射程 500 米，不能攻击距离太近的目标，射手操作比较困难。20 世纪 70 年代以后，苏联对它进行重大改进，改用红外自动跟踪方式，减轻了射手的负担，命中率由 60% 提高到 90%。

> **趣味小知识**
>
> 9M14 "婴儿" 导弹系统由导弹、发射装置、制导装置组成。弹体用玻璃纤维制成，后部 4 片尾翼略呈倾斜状，使导弹飞行中通过旋转保持稳定。

# 俄罗斯 9M131 "混血儿 –M" 反坦克导弹

9M131 "混血儿 –M" 导弹是由俄罗斯研制的便携式反坦克导弹，1992 年开始服役，北约代号为 AT–13 "萨克斯 2"（Saxhorn–2）。

导弹特写

| 基本参数 | |
| --- | --- |
| 口径 | 130 毫米 |
| 全长 | 980 毫米 |
| 总重 | 13.8 千克 |
| 弹头重量 | 4.95 千克 |
| 最高速度 | 200 米 / 秒 |
| 相关简介 | |

## 研发历史

1979 年，苏联研制出 "混血儿 –1"（Metis–1）反坦克导弹系统（使用 9M115 导弹），用来强化基层部队的反坦克能力，其北约代号为 AT–7 "萨克斯"。1990 年，又推出了 "混血儿 –2" 反坦克导弹系统，改用尺寸较大的 9M131 型导弹，增加了有效射程。1992 年，图拉仪器设计局又在 "混血儿 –2" 导弹基础上研发出适于城市作战的 9M131 "混血儿 –M" 导弹系统，1996 年又根据车臣城市战的经验教训对它进行了改进。

## 实战性能

"混血儿 –M" 导弹采用半自动指令瞄准线制导，作战反应时间为 8～10 秒。该导弹的攻击力来自两种战斗部。一种是改进型 9M131 导弹，采用重 4.6 千克的串联空心装药，可对付爆炸式反应装甲，在清除反应装甲后还能侵彻 800～1 000 毫米厚的主装甲。另一种是用于对付掩体及有生力量的空气炸弹，采用燃料空气炸药战斗部，可对付掩体目标、轻型装甲目标和有生力量。

### 趣味小知识

"混血儿 –M" 导弹方便在城市作战中快速运动携带，攻击装甲目标击毁率高，具有多用途使用特点，成本低且利于大量生产装备。

# 英国"星光"防空导弹

"星光"（Starstreak）防空导弹是由英国泰利斯公司于20世纪80年代设计的便携式防空导弹，1997年开始服役。

| 基本参数 | |
|---|---|
| 直径 | 130 毫米 |
| 全长 | 1397 毫米 |
| 总重 | 14 千克 |
| 弹头重量 | 0.9 千克 |
| 最高速度 | 4 马赫 |
| 相关简介 | |

## 研发历史

"星光"导弹的研发工作始于20世纪80年代早期，1986年开始批量生产，1997年正式服役。"星光"导弹最初设计为一种单兵便携式快速反应的面对空导弹系统，用以替代"吹管"导弹和"标枪"导弹。泰利斯公司在此基础上又发展了三脚架式、轻便车载式、装甲车载式以及舰载式等多种型号。截至2019年，"星光"系列导弹仍然被英国常规部队和特种部队大量采用。

## 实战性能

"星光"导弹最大特点在于采用新型的三弹头设计，弹头由3个"标枪"弹头组成，每个弹头包括高速动能穿甲弹头和小型爆破战斗部。"星光"导弹发射时，先由第一级新型"脉冲式"发动机推出发射筒外，飞行300米后，二级火箭发动机启动，迅速将导弹加速到4马赫。在火箭发动机燃烧完毕后，环布在弹体前端的3个子弹头分离，由激光制导。三者之间保持三角形固定队形，向共同的目标飞去。散开的单个"标枪"弹头最适合用来摧毁攻击地面的敌方战机。

### 趣味小知识

"星光"导弹的瞄准装置包含两个激光二极管：一个垂直扫描，另一个水平扫描，构成一个二维矩阵。

# 法国"米兰"反坦克导弹

"米兰"（Missile d'infanterie léger antichar，MILAN）导弹是由法国和德国联合研制的轻型步兵反坦克导弹，20 世纪 70 年代初开始服役。

发射装置

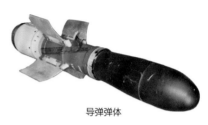

导弹弹体

| 基本参数 | |
| --- | --- |
| 直径 | 115 毫米 |
| 全长 | 1 200 毫米 |
| 总重 | 7.1 千克 |
| 弹头重量 | 2.7 千克 |
| 最高速度 | 200 米／秒 |
| 相关简介 | |

## 研发历史

1963 年，法、德两国政府签署协议，决定联合发展两种新型反坦克导弹——"米兰"（MILAN）和"霍特"（HOT），分别为"轻型步兵反坦克导弹"和"高亚音速、导管发射、光学跟踪、有线制导"的法文缩写的音译，前者主要用于陆军步兵反坦克作战以及地面车辆装载使用，后者主要用于直升机和地面车辆装载反坦克作战。基本型"米兰 1"于 1972 年装备部队，此后又陆续诞生了"米兰 2""米兰 2T"和"米兰 3"等改进型。除在法国和德国生产外，"米兰"系列导弹还在英国、印度和意大利等国进行生产。

## 实战性能

"米兰"导弹采用目视瞄准、红外半自动跟踪、导线传输指令制导方式。不同于机载和车载的"霍特"重型反坦克导弹，"米兰"轻型反坦克导弹主要由步兵使用，射程约为"霍特"导弹的一半（2 000 米）。作为有线导引导弹，使用"米兰"导弹的士兵要连续瞄准目标直至命中为止，其弹头采用高爆反坦克弹。

# 德国"十字弓"反坦克火箭筒

"十字弓"（Armbrust）火箭筒是由德国梅塞施密特－伯尔科－布洛姆公司设计生产的单发式反坦克火箭筒，后来将其生产权卖给新加坡特许工业公司，发射67毫米专用火箭弹。

| 基本参数 | |
|---|---|
| 口径 | 67毫米 |
| 全长 | 850毫米 |
| 全高 | 140毫米 |
| 总重 | 6.3千克 |
| 初速 | 210米／秒 |
| 相关简介 | |

## 研发历史

"十字弓"火箭筒是由德国梅塞施密特－伯尔科－布洛姆公司于20世纪60年代后期开始研制的班用近程反坦克武器，1972年研制成功，并在20世纪70年代交付部队使用。该火箭筒除装备德国特种部队外，还装备斯洛文尼亚、新加坡、智利、阿尔巴尼亚、印度尼西亚、柬埔寨、哥伦比亚、菲律宾等国家的军队，许多北约国家曾采购它用于试验研究。2004年后，"十字弓"火箭筒逐渐被新加坡、德国和以色列合作开发的"斗牛士"火箭筒取代。

## 实战性能

"十字弓"火箭筒配用机械瞄准具，平时折叠在发射筒的软胶垫肩内，使用时竖起。瞄准具上有150~500米的瞄准分划。此外，"十字弓"火箭筒也可配用反射式光学瞄准镜，瞄准镜分划板上有3条刻线，分别用于对0~200米、200~250米、250~300米距离的目标射击。"十字弓"火箭筒主要发射火箭破甲弹和钢珠杀伤榴弹，前者由空心装药战斗部、压电引信、尾管及稳定尾翼等组成，钢珠杀伤榴弹则由战斗部、引信和尾翼组件构成，杀伤半径为14米。

### 趣味小知识

"十字弓"火箭筒是一种无后坐力武器，发射时没有闪光和后喷焰，噪声也较低，可以安全地在任何狭小、封闭的空间内直接发射。

# 以色列"斗牛士"反坦克火箭筒

"斗牛士"（MATADOR）火箭筒是由以色列、德国、新加坡合作研制的便携式反坦克武器系统，发射90毫米火箭弹，2000年开始服役。

| 基本参数 | |
| --- | --- |
| 口径 | 90毫米 |
| 全长 | 1000毫米 |
| 总重 | 8.9千克 |
| 弹头重量 | 1发 |
| 最高速度 | 250米/秒 |
| 相关简介 | |

## 研发历史

"斗牛士"火箭筒的研制工作始于1999年，最初是由新加坡共和国武装部队、国防科技局（DSTA）联合以色列拉斐尔先进防务系统公司共同研发，后来德国狄那米特·诺贝尔公司也加入了研发团队，并负责生产工作。"斗牛士"火箭筒于2000年开始服役，逐渐取代新加坡武装部队从20世纪80年代开始装备的德国"十字弓"火箭筒。除新加坡外，德国、以色列、英国、斯洛文尼亚和越南等国都有装备。

## 实战性能

"斗牛士"火箭筒继承了"十字弓"火箭筒的许多优点，较长的前握把可以防止士兵在发射过程中错把手指放在发射筒口前方，从而避免了受伤的危险。利用折

叠握把可以使武器闭锁，以防止意外射击。士兵也可以把武器架设在地面上，以提高射击精度。"斗牛士"火箭筒配有用于安装夜视装备的皮卡汀尼导轨，所选择的瞄准具放大率可以为士兵提供良好的视野，使士兵能够更准确的打击目标。由于侵彻能力强，"斗牛士"火箭筒可以摧毁当今世界上大部分先进的装甲人员输送车和轻型坦克。

装备"斗牛士"反坦克火箭筒的以色列特种兵

**趣味小知识**

　　"斗牛士"火箭筒可以使用同时具有高爆反坦克弹头和高爆黏着榴弹的双用途串联式战斗部弹头，分别可以破坏装甲和墙壁、碉堡以及其他防御工事。

# 以色列"长钉"反坦克导弹

"长钉"（Spike）反坦克导弹是由以色列拉斐尔公司研制的一种可以装备无人机的超小型"射后不管"导弹。

| 基本参数 | |
|---|---|
| 口径 | 170 毫米 |
| 全长 | 1 670 毫米 |
| 翼展 | 300 毫米 |
| 总重 | 34 千克 |
| 最高速度 | 0.52 马赫 |
| 相关简介 | |

## 研发历史

20 世纪 80 年代，以色列提出了一项庞大的反坦克导弹发展计划，包括"哨兵""玛帕斯"和"弗莱姆"等多种型号，但大多都不成功。直到 20 世纪 90 年代末，拉斐尔公司在细心研究"陶"式和"标枪"反坦克导弹的设计后，推出了"长钉"系列反坦克导弹，这一情况才有所改变。1997 年，"长钉"系列反坦克导弹秘密进入以色列国防军服役，并逐渐出口到其他国家。

## 实战性能

"长钉"导弹的最初设计目标就是改变"标枪"导弹要由多人携带和操作的现状，要求"背包运输、肩扛发射"，一个人就可携带至少 3 枚导弹，并独自遂行瞄准发射任务。因此，"长钉"导弹的外形非常小巧。这种导弹具有很大的灵活性——在导弹飞行过程中，移动控制站的操作人员可以改变目标或者放弃攻击。由于这种导弹价格低廉，适合在前沿部队中大量部署，对付低价值目标。

### 趣味小知识

"长钉"导弹的基本结构从前到后分别为导引头、前战斗部、飞行姿控发动机、电池组、主战斗部和主发动机。发射装置由命令发射单元、热成像仪和三脚架组成。

# 瑞典 AT-4 反坦克火箭筒

　　AT-4 反坦克火箭筒是由瑞典萨博·博福斯动力公司生产的一种单发式单兵反坦克武器，它取代了美国及北约武器库内的 M72 LAW 火箭筒。

## 历史回顾

　　20 世纪 70 年代末，瑞典军方为了替换老式的 60 毫米火箭筒，开始了 AT-4 火箭筒的研究计划。AT-4 火箭筒由瑞典佛伦内德制造厂（现萨博·博福斯动力公司）设计，在瑞典军方还没有决定正式采用时，它就参加了美国陆军在 1983 年举行的步兵反坦克火箭的竞标，并击败众多对手，成为最后的赢家。1985 年 9 月，美国陆军正式决定订购 27 万具 AT-4 火箭筒，以取代之前装备的 M72 LAW 火箭筒。有了这次成功的竞标，AT-4 火箭筒名声大振。之后，美国阿利安特技术设备公司获得了特许生产权。

| 基本参数 | |
|---|---|
| 口径 | 84 毫米 |
| 全长 | 1 016 毫米 |
| 总重 | 6.7 千克 |
| 初速 | 285 米 / 秒 |
| 有效射程 | 300 米 |
| 相关简介 | |

## ✦ 实战性能

AT-4 火箭筒重量轻，携行方便；使用简单，操纵容易，射手无须长时间培训；采用无坐力炮原理发射，发射特征不明显，射击位置不易暴露。该火箭筒配用空心装药破甲弹，其战斗部的主装药为奥克托金（HMX），破甲厚度为 400 毫米，破甲后能在车体内产生峰值高压、高热和大范围的杀伤破片，并伴有致盲性强光和燃烧作用。引信的脱机雷管安全装置，可防止意外起爆。

美国陆军"三角洲"特种部队队员使用 AT-4 火箭筒

### 🎖 趣味小知识

AT-4 火箭筒是预装弹、射击后抛弃的一次性使用武器，主要部件包括发射筒、铝合金喷管、击发机构、简易机械瞄准具、肩托、背带和前后保护密封盖等。

# 瑞典卡尔·古斯塔夫无后坐力炮

卡尔·古斯塔夫无后坐力炮（Carl Gustav recoilless rifle）是由瑞典萨博博福斯动力公司于 20 世纪 40 年代研制的单兵携带多用途无后坐力炮。

| 基本参数 | |
|---|---|
| 口径 | 84 毫米 |
| 全长 | 1 100 毫米 |
| 总重 | 8.5 千克 |
| 最大射速 | 6 发 / 分 |
| 有效射程 | 1 000 米 |
| 相关简介 | |

## 研发历史

卡尔·古斯塔夫无后坐力炮是由雨果·艾布拉姆森（Hugo Abramson）和哈拉尔德·延森（Harald Jentzen）在瑞典皇家武器管理局研发，在卡尔·古斯塔夫城市步枪工厂生产，并且以该工厂命名此无后坐力炮。1948 年，卡尔·古斯塔夫无后坐力炮首次装备于瑞典国防军。之后，卡尔·古斯塔夫无后坐力炮陆续被其他数十个国家采用，并推出了多种改进型。2014 年 2 月，最新版本的 M3 型在美国陆军轻步兵部队中成为制式武器。

## 实战性能

卡尔·古斯塔夫无后坐力炮可以站立、跪、坐或俯卧位射击，并可以在枪托组件的前面装上两脚式支架以固定于地面及射击。这款武器通常由两个人为一小队并且一起协助操作，其中一人负责携带武器和射击，另一人则负责携带弹药并且协助重新装填。M3 型保持了卡尔·古斯塔夫无后坐力炮用途广、性能强的特点，可发射多种弹药。M3 型的最大优点在于重量大幅减轻，其全重由 M2-550 型的 18 千克降到 8.5 千克。

### 趣味小知识

卡尔·古斯塔夫无后坐力炮 M3 型发射 FFV597 破甲弹时可击穿 900 毫米厚均质装甲，能对付现代先进的主战坦克。

# 瑞典 MBT LAW 反坦克导弹

MBT LAW（Main Battle Tank and Light Anti-tank Weapon）是由瑞典和英国联合设计生产的短程"射后不理"反坦克导弹。

## 研发历史

　　MBT LAW 在 21 世纪初由瑞典萨伯博福斯动力公司和英国泰利斯公司联合研发。为减少研制时间和经费，MBT LAW 选用了"比尔 2"反坦克导弹的双高爆反坦克战斗部，以及具有"软发射"能力的 AT-4 反坦克火箭筒的发射系统。MBT LAW 于 2009 年进入英国陆军服役，并被重新命名为"次世代轻型反坦克武器"（Next-generation Light Anti-tank Weapon，NLAW）。在瑞典国防军服役的 MBT LAW 被命名为 Robot 57，芬兰则将其命名为 102 RSLPSTOHJ NLAW。

| 基本参数 | |
|---|---|
| 直径 | 150 毫米 |
| 全长 | 1 016 毫米 |
| 总重 | 12.5 千克 |
| 弹头重量 | 3.6 千克 |
| 最高速度 | 144 千米 / 时 |
| 相关简介 | |

### 实战性能

MBT LAW 在设计上是为了给步兵提供一种肩射、一次性使用的反坦克武器，发射一次以后需要将其抛弃。MBT LAW 采用锥形装药，弹头为上空飞行攻顶 / 直接模式混合，最小有效射程为 20 米，最大有效射程为 600 米，最大射程为 1 000 米。MBT LAW 采用两种制导方式，使其具有较高的命中概率和较强的抗干扰能力。在建筑物密集区作战时，MBT LAW 可从建筑物窗户上向街道对面的目标射击。

使用 MBT LAW 的英军特种兵

**趣味小知识**

MBT LAW 发射时，火箭首先以低功率的点火从发射器里发射出去。在火箭经过好几米的行程直到飞行模式以后，其主火箭就会立即点火，开始推动导弹，直到命中目标为止。

# 日本 01 式反坦克导弹

01式反坦克导弹是由日本川崎重工研制的便携式反坦克导弹，2001年开始服役。

| 基本参数 | |
| --- | --- |
| 口径 | 140 毫米 |
| 全长 | 970 毫米 |
| 总重 | 17.5 千克 |
| 初速 | 67 米 / 秒 |
| 有效射程 t | 2 000 米 |
| 相关简介 | |

## 研发历史

01 式反坦克导弹的研制目的为取代日本陆上自卫队装备的 84 毫米卡尔·古斯塔夫 M2 无后坐力炮。该导弹由日本防卫厅（今防卫省）技术研究本部在 20 世纪 90 年代初设计，川崎重工为主承包商，2001 年定型并被命名为 01 式轻型反坦克导弹，也称"轻马特"，整个研制费用为 105 亿日元（约合 1 亿美元）。为了提高使用 01 式反坦克导弹的快速反应能力，日本自卫队还为其配备了小松制作所生产的 4×4 轻型装甲车。

## 实战性能

01 式反坦克导弹的弹体为圆柱形，头部为卵圆形。弹体后部有 X 型布置的 4 片矩形弹翼，尾部有十字形布置的 4 片较小的梯形尾翼。与其他国家研制的反坦克导弹通常采用激光制导不同，01 式反坦克导弹采用红外成像制导，其导引头为波长 8~14 微米的非制冷红外焦平面阵列传感器，不仅具备"射后不理"能力，还具有成本低、可靠性高、维护简单、工作寿命长、发射准备时间短等多种优点。

### 趣味小知识

01 式反坦克导弹系统全重 17.5 千克，弹重 11.4 千克，破甲能力为 700 毫米均质钢装甲。

# Chapter 06

# 刀 具

在热兵器时代，刀、剑等冷兵器早已不是作战时的主要武器，但因其具有特殊作用，故一直沿用至今。对于特种部队来说，具有隐蔽性、便携性和多功能性的刀具是必不可少的装备。

# 美国 M9 刺刀

M9 刺刀是由美国军队装备的多用途刺刀，1986 年开始服役，取代老旧的 M7 刺刀。

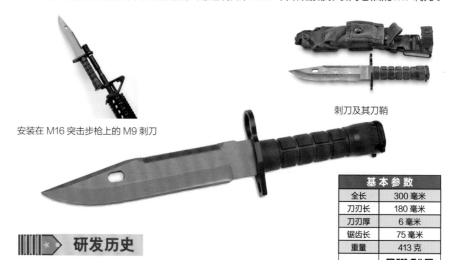

安装在 M16 突击步枪上的 M9 刺刀

刺刀及其刀鞘

| 基本参数 | |
| --- | --- |
| 全长 | 300 毫米 |
| 刀刃长 | 180 毫米 |
| 刀刃厚 | 6 毫米 |
| 锯齿长 | 75 毫米 |
| 重量 | 413 克 |
| 相关简介 | |

## 研发历史

1986 年 10 月，美国陆军决定研制功能更强大的新型刺刀来替换功能单一的 M7 刺刀。军方通过招标方式广泛征集新型刺刀，最终由菲罗比斯公司中标。该公司设计的 XM9 原型刺刀，在严格的测试中，无论是人机工程学，还是功能性、实用性等方面均超过其他几家公司，而且是唯一能在所有测试项目中，损坏率均为 0 的样刀。美国陆军在提出一些小的改进后，于 1986 年 10 月授予菲罗比斯公司一份为期三年的军事采购合同。由于菲罗比斯公司没有实际生产能力，刺刀全部由美国巴克刀具公司生产，这也是最早的、做工最为精细的产品，陆军共有一、二、三、四代版本。此后，由于巴克刀具公司生产的 M9 刺刀成本高昂，美国军队转而装备兰卡和安大略刀具公司生产的 M9 刺刀。

## 实战性能

M9 刺刀的刀身使用 425M 钢材制造，厚度 6 毫米。表面涂层有暗灰色和纯黑色两种，刀刃部位经巴克刀具公司专业的热处理，非常锋利。M9 刺刀的刀背较长，锯齿尖利，角度合适，能锯断飞机壳体。刀身前部有一椭圆形过孔，能与刀鞘剪切板组成钳子，剪断铁丝网和电线。M9 刺刀的刀柄为圆柱形，用美国杜邦公司生产的橄榄绿色 ST801 尼龙制造，坚实耐磨。表面有网状花纹，握持手感好，而且绝缘。刺刀护手两侧有两个凹槽，具有开瓶器功能。

# 美国 OKC-3S 刺刀

OKC-3S 刺刀是由美国海军陆战队在 21 世纪初正式采用、用以取代 M7 刺刀及作为 M16/M4 枪族的制式配备的一种多用途刺刀。

刀鞘特写

刺刀及其刀鞘

## 研发历史

21 世纪初，时任美国海军陆战队司令的詹姆斯·琼斯上将为了让海军陆战队增强肉搏战能力，制订了一系列严苛的训练计划，包括武术和白刃格斗。与此同时，海军陆战队还决定装备一种新的刺刀，取代老旧的 M7 刺刀。2002 年 12 月，海军陆战队开始对三十余种不同的刀具进行评估。在测试中，安大略刀具公司的 OKC-3S 刺刀表现最佳，最终被选中。2003 年，OKC-3S 刺刀开始批量生产。

| 基本参数 | |
| --- | --- |
| 全长 | 330 毫米 |
| 刀刃长 | 200 毫米 |
| 刀刃厚 | 5 毫米 |
| 锯齿长 | 44.5 毫米 |
| 重量 | 570 克 |
| 相关简介 | |

## 实战性能

OKC-3S 刺刀具有与海军陆战队员的标志性卡巴刀相似的外观，但没有血槽。它比 M7 刺刀和 M9 刺刀更大、更厚和更重，能够贯穿现代军队中的多种防弹衣。刀身是由额定值为 53-58 HRC 的高碳钢所制造，能够在零下 32℃到 57℃的使用温度内正常使用而不会破损。OKC-3S 刺刀的刀鞘和握柄是彩色的，以配合海军陆战队的狼棕褐色设备，兼容林地和沙漠两地的迷彩。握柄由合成防滑材料制造，具有符合人体工程学的开槽。这种设计有助于海军陆战队员在训练时防止重复性紧张损伤和手部疲劳。

> **趣味小知识**
>
> OKC-3S 刺刀设有美国海军陆战队标志的浮雕，让使用者在黑暗中识别出刀刃的方向。

# 美国卡巴刀

卡巴刀（KA-BAR Knife）是由美国卡巴刀具公司设计制造的多用途战斗刀，风格接近博伊刀（美国边境英雄吉姆·博伊所发明的刀具，设计极具搏斗性和攻击性）。

装入刀鞘的卡巴刀

卡巴刀及其刀鞘

| 基本参数 | |
|---|---|
| 全长 | 301.6 毫米 |
| 刀刃长 | 180 毫米 |
| 刀刃厚 | 4 毫米 |
| 重量 | 320 克 |
| 刀刃材质 | 1095 高碳钢 |
| 相关简介 | |

## 研发历史

1942 年，卡巴刀具公司为美国海军陆战队提供了第一批刀具，称为 1219C2 战斗刀（1219C2 combat knife）。1945 年，美国海军陆战队将其命名为"美国海军陆战队格斗及多用途刀"（USMC Fighting/ Utility Knife），列为基本配备。此后，美军其他战斗部队也跟随引进卡巴刀。因为需求量太大，卡巴刀具公司授权其他公司生产类似的刀具，但它仍然被称为卡巴刀，二战期间，卡巴刀的总产量超过 100 万把。二战后至今，卡巴刀仍是美军装备的重要刀具。

**实战性能**

　　卡巴刀的刀身使用 1095 高碳钢制造，性能比较优秀，足以承受大部分的使用方式。卡巴刀设有血槽，握柄由纯牛皮压制而成，防水性佳，且具有相当程度的防滑性，还进行了防霉处理。握柄底端为一圆滑的铁环，除可避免钩到或剐破衣服外，还常被当作铁槌使用。

美军特种兵在伊拉克战场上使用卡巴刀

**趣味小知识**

　　美国海军及美国海军陆战队都配备了卡巴刀，命名为 USN Fighting Knife Mark Ⅱ。

# 美国 Buck 184 求生刀

Buck 184 求生刀是美国巴克公司于 20 世纪 80 年代设计的一款求生刀，1984 年开始生产。

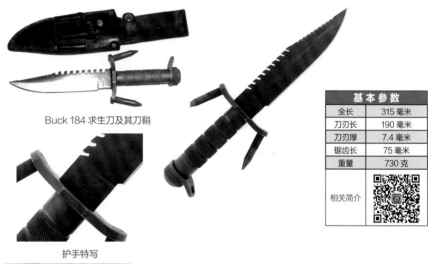

Buck 184 求生刀及其刀鞘

护手特写

| 基本参数 | |
|---|---|
| 全长 | 315 毫米 |
| 刀刃长 | 190 毫米 |
| 刀刃厚 | 7.4 毫米 |
| 锯齿长 | 75 毫米 |
| 重量 | 730 克 |
| 相关简介 | |

## ★ 研发历史

Buck 184 求生刀于 1984 年开始生产，并将首批 2600 把提供给美国海军"海豹"突击队使用。这批提供给"海豹"突击队的 Buck 184 在刀刃靠近护手的地方印着"BUCK，184，U.S.A."的标记。1985 年，Buck 184 求生刀的设计被申请了专利，其标记也变成了"BUCK，184，U.S.A.，PAT. PEND."。到 1997 年停产时，Buck 184 求生刀一共生产了约 11 万把。

## ★ 实战性能

Buck 184 采用高碳不锈钢制成，有黑色和灰色两种，表面均经过喷砂处理。刀刃采用 425 Mod 钢材制成，并经两次淬火热处理，带有背齿。其背齿为 9 个向后倾斜的锯齿，可用以锯木头、金属和冰，还可用来掰断铁丝。Buck 184 刀背前部约 92 毫米的长度上，开了呈弧形带齿的刃口，是为了切割绳索而设计。Buck 184 的刀刃开锋比较精细，较 M9 刺刀的开刃角度小，所以也比 M9 刺刀要锋利得多。Buck 184 的刀鞘为加固处理的黑色硬玻璃纤维制成，鞘内有片簧，使刀插在鞘内时不会自由晃动发出噪声。

# 美国 Strider BNSS 求生刀

Strider BNSS 求生刀是由美国挺进者刀具公司为特种部队研制的求生刀，美国海军"海豹"突击队、美国陆军"绿色贝雷帽"特种部队和英国陆军特别空勤团等特种部队均有采用。

刀身特写

刀柄缠绳特写

| 基本参数 | |
| --- | --- |
| 全长 | 300 毫米 |
| 刀刃长 | 178 毫米 |
| 刀刃厚 | 6 毫米 |
| 重量 | 560 克 |
| 刀刃材质 | 44C 钢 |
| 相关简介 |  |

## 研发历史

挺进者刀具公司本是一家私人经营的小公司，致力于设计和制造恶劣条件下使用的生存刀具。公司的创办人之一——杜恩·维尔拥有丰富的军事履历，曾在美国"海豹"突击队、英国海军部队、英国空军特种部队、以色列国防部队和法国外籍兵团等军事单位受训和任职，他设计的刀具从实战出发，非常适合特种部队使用。挺进者刀具公司早期的产品有 Strider BT 工具刀和 Strider MT 格斗刀等，此后 Strider 刀具公司开始尝试在格斗刀和工具刀之间寻求平衡点，最终诞生了 Strider BNSS 求生刀。

## 实战性能

Strider BNSS 求生刀的刀身以 S30V 钢材制造，这是一种高铬、高碳、高钼、低杂质的不锈钢，具有很高的硬度和韧性。在制作过程中，经过独特的淬火处理，包括超高温处理、零下温度淬火，以及增加韧性的特有回火流程。Strider BNSS 求生刀进行过表面氧化处理，非常坚固耐用，不需要刻意保养。由于主要是用于军事用途，所以 Strider BNSS 求生刀并不注重舒适度。

# 美国 SOG S37 匕首

SOG S37 匕首是由美国哨格刀具公司设计制造的军用匕首，原名 Knife 2000。这种匕首性能出色，主要用户为美国海军"海豹"突击队。

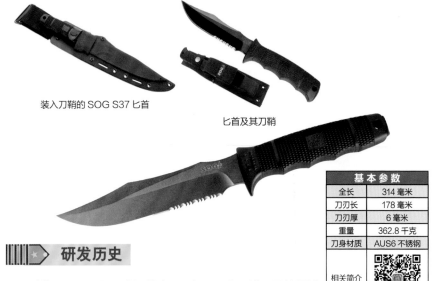

装入刀鞘的 SOG S37 匕首

匕首及其刀鞘

| 基本参数 | |
| --- | --- |
| 全长 | 314 毫米 |
| 刀刃长 | 178 毫米 |
| 刀刃厚 | 6 毫米 |
| 重量 | 362.8 千克 |
| 刀身材质 | AUS6 不锈钢 |
| 相关简介 | |

## 研发历史

哨格刀具公司是一家涵盖直刀、折刀和多用途工具等领域的刀具制造商，其大多数产品都由创始人兼首席工程师斯宾塞·弗雷泽（Spencer Frazer）设计，他的专利发明和独特的现代风格为哨格刀具公司赢得许多奖项，SOG S37 匕首是哨格刀具公司的经典作品之一。

## 实战性能

SOG S37 匕首的用途十分广泛，刀身设计着重于前端尖刺的部分，具备超强破坏力，同时也保留了锋利的刀刃。把手部分合乎手指的力道设计，经过严谨的测试，不但拥有十足的防火功能，更可劈、砍、突刺，也可切割多种不同种类的绳索和线材。SOG S37 匕首在一系列异常严苛的测试中都有不俗的表现，测试项目包括刀锋韧性、锋利程度、刀刃寿命、刀尖抗折强度、绳索切割能力，以及砍、撬、刺性能等。

### 趣味小知识

SOG S37 匕首的刀刃尾部有齿刃设计，方便切割绳索，刀身表面特别加上雾面防锈处理，不易反光，执行任务时有利于隐蔽。

# 俄罗斯 AKM 刺刀

AKM 刺刀是苏联 AK-47 刺刀的改进型，也是世界上最早的多功能刺刀。这种刺刀现在也装在 AK-74 突击步枪和 SVD 狙击步枪上，刀柄、外形略有改进。

| 基本参数 | |
| --- | --- |
| 全长 | 290 毫米 |
| 刀刃长 | 163 毫米 |
| 刀刃厚 | 3 毫米 |
| 刀身宽 | 29 毫米 |
| 重量 | 450 克 |

相关简介

## 研发历史

1959 年，苏联开始生产 AK-47 突击步枪的改进型 AKM 时，根据战时士兵对刀具既要作为工具、又要作为刺刀的要求，设计出了 AKM 刺刀。该刀"刀 + 鞘 = 剪"的结构，深深影响了以后各国多用途刺刀的设计，著名的德国 KCB 77 刺刀和美国 M9 刺刀都有 AKM 刺刀的启发。目前，AKM 刺刀已经发展了三代，即 AKM1、AKM2 和 AKM3，其中 AKM3 于 1984 年开始装备部队，截至 2019 年仍在服役。

弹匣尺寸对比

## 实战性能

AKM 刺刀无论在设计、结构还是在实用性能上都比较成功。AKM 刺刀的刀柄和刀鞘由高品质电木制成，耐高压、高温和腐蚀，刀刃为高碳工具钢锻压生成，强度极高。AKM 刺刀将刀刃与刀鞘通过刀刃孔和刀鞘卡笋结合即可成为剪刀，可带电剪切电线。刀刃背面设计有锯齿，在战场上可以提高士兵破除障碍的能力。通过护手上方的枪口定位环、握把中央内凸起和握把后卡笋可将刺刀与步枪连接，多点定位，非常结实。

---

**趣味小知识**

与 AK-47 刺刀不同的是，AKM 刺刀装上刺刀座时刀刃是向上的，拼刺时主要是挑，而不是刺。

# 俄罗斯 NRS-2 求生刀

NRS-2 求生刀是由图拉兵工厂于 20 世纪 80 年代设计制造的求生刀，也可称作微声匕首枪，曾是苏联克格勃和特种部队手中的重要武器。

## 研发历史

20 世纪 50 年代，苏联中央精密机械科学技术研究所成功制造出 7.62×39 毫米 SP2 特种弹。这种弹药具有不错的消音效果，但仍存在一些不足之处。为了弥补这些不足，1966 年又进一步改进研制出了 SP3 特种弹。同时，配用 SP3 特种弹的微声手枪也被研制出来，并交付克格勃和特种部队使用。紧接着，克格勃和苏联国防部向图拉兵工厂提出了研制微声匕首枪的需求，其结果就是 NRS 微声匕首枪。之后，图拉兵工厂又研制了威力更大的 SP4 特种弹，并在 NRS 的基础上研制出 NRS-2 微声匕首枪，1986 年开始列装，同时列装的还有外形结构与其类似的 NR-2 普通匕首。

| 基本参数 | |
|---|---|
| 全长 | 290 毫米 |
| 刀刃长 | 162 毫米 |
| 刀身重 | 350 克 |
| 刀鞘重 | 270 克 |
| 有效射程 | 25 米 |
| 相关简介 | |

## 实战性能

NRS-2 能够割断直径达 10 毫米的钢线。采用绝缘刀鞘，可以用来切割电缆。此外，还可以当螺丝起子，或者用作其他用途。NRS-2 的刀柄中有枪膛和短枪管，可以装入一发 7.62×42 毫米口径的 SP-4 特制受限活塞子弹（俄罗斯 PSS 微声手枪使用的子弹），发射时的声音很小。枪口位于匕首刀柄的尾部。反过来握住刀柄，扣压刀柄中的扳机就能发射子弹。横挡护手上的一个缺口充当简化的瞄准装置。滑动的保险装置可以防止意外走火。

使用示范

枪口特写

使用NRS-2求生刀的俄罗斯特种兵

🔫 趣味小知识

　　NRS-2求生刀射击装置的实际作用让人质疑，为了正确射击，刀尖必须朝向射击者的喉咙。

# 英国费尔班－塞克斯格斗匕首

费尔班－塞克斯格斗匕首（Fairbairn-Sykes fighting knife）是由英国设计制造的格斗匕首，其名声不逊于同时期大名鼎鼎的美国卡巴刀。

## 研发历史

费尔班－塞克斯格斗匕首的设计者之一是西方公认的现代军用格斗术先驱费尔班，二战爆发前，他一直在中国上海担任近距离格斗技术教练，另一位设计者塞克斯是他的搭档。费尔班－塞克斯格斗匕首于1941年设计，鉴于它在近距离格斗方面极佳的表现，这款匕首被列为英国突击队的标准装备，并很快风行一时，包括英国突击队、英国特别空勤团（SAS）、英国特别行动委员会（SOE）、美国战略情报局（美国中央情报局的前身）、美国"游骑兵"特种部队在内的多支特种部队和间谍机构都曾装备。时至今日，仍有不少特种部队装备费尔班－塞克斯格斗匕首。

| 基本参数 | |
|---|---|
| 全长 | 290 毫米 |
| 刀刃长 | 180 毫米 |
| 刀刃厚 | 3 毫米 |
| 刀身宽 | 18 毫米 |
| 重量 | 240.9 克 |
| 相关简介 | |

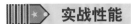

## 实战性能

费尔班－塞克斯格斗匕首有三种不同型号，在刀身长度、护手和刀柄的细节方面略有不同，但基本特征是相同的：刀身轻薄狭窄，逐渐尖细的刀形使得直刺的力量最大限度地集中于刀尖，针形的刀尖锐利异常，几乎不用花多少力气就可以轻易地穿透衣服和肌肤，刺入对手体内深处的内脏要害；两侧开刃，刀身截面略呈钻石形，锋利的刀刃可以干净利落地削断对手的血管，或者割断对手的咽喉；刀柄较重，有助于增加直刺的威力。

费尔班 塞克斯格斗匕首及其使用教程

费尔班－塞克斯格斗匕首与贝雷帽尺寸对比

### 趣味小知识

费尔班－塞克斯格斗匕首的设计重心在于应付突发的攻击与战斗，它瘦长的刀锋可以轻易刺入胸腔。花瓶状握把让它适于抓握，在战斗中也不易脱手。

# 德国 KCB 77 刺刀

KCB 77 刺刀是由德国艾克霍恩·索林根公司设计制造的多功能刺刀，是世界上知名度较高的刺刀之一，被世界各国多支特种部队采用。

装入刀鞘的 KCB 77 刺刀

KCB 77 刺刀及其刀鞘

| 基本参数 | |
| --- | --- |
| 全长 | 302 毫米 |
| 刀刃长 | 176 毫米 |
| 刀刃厚 | 3.6 毫米 |
| 刀身宽 | 20 毫米 |
| 重量 | 300 克 |
| 相关简介 | |

## 研发历史

KCB 77 刺刀是由德国艾克霍恩·索林根公司于 20 世纪 80 年代研制的军用刺刀，曾参加 1986 年美国军用刺刀选型。艾克霍恩·索林根公司设计 KCB 77 刺刀的目的在于：使军用匕首和刺刀除了具有切割和拼刺功能外，还有更广泛的使用范围，如在野外环境中当作榔头、撬棍、地雷探针使用，或在国内治安行动中装在枪口上防止示威者从士兵手中夺枪。KCB 77 刺刀装备部队后，艾克霍恩·索林根公司仍继续对其进行改进。

## 实战性能

KCB 77 刺刀的刀身和刀鞘均进行了防霉处理。刀鞘上有铁丝剪刃口和螺丝刀口，以及快速脱扣，刃口和刀口有着蓝宝石色的磨削表面，并由塑料套防护。塑料套可防止刀鞘驻笋和螺丝刀口挂到植物或金属线上，以减少给士兵带来的意外伤害。刺刀的刀身上有锯齿，刺刀的横挡护手处有瓶盖起子，刀柄有为防止灰尘进入弹性卡子中的防护套，同时刀柄与电绝缘，绝缘电压达到了 1 000 伏。刀柄里还装有电压测量器，其工作范围在 70 ～ 400 伏。

# 奥地利格洛克刺刀

格洛克刺刀（Glock knife）是由奥地利格洛克公司设计制造的一种多用途刺刀，除奥地利本国采用外，还出口到美国、德国、印度、韩国、丹麦、马来西亚和波兰等国。

FM78 型格洛克刺刀

FM81 型格洛克刺刀与格洛克
22 手枪尺寸对比

## 研发历史

格洛克刺刀最早是应奥地利"猎人"特种部队的要求而研发，可作为斯泰尔 AUG 突击步枪的刺刀使用。格洛克刺刀主要有 FM78 和 FM81 两种型号，FM78 是典型的野战刀，FM81 则是求生刀，两者的主要区别是 FM78 刀背上没有锯齿。奥地利武装部队、丹麦国防军、德国联邦警察第九国境守备队、马来西亚皇家警察特别行动指挥部、韩国第 707 特殊任务营、美国"海豹"突击队等单位主要使用 FM78 型，而波兰国家宪兵则两种型号都有使用。

| 基本参数 | |
|---|---|
| 全长 | 290 毫米 |
| 刀刃长 | 165 毫米 |
| 刀刃厚 | 4.5 毫米 |
| 刀身宽 | 22 毫米 |
| 重量 | 206 克 |
| 相关简介 | |

## 实战性能

格洛克刺刀的刀片是由弹簧钢、高碳钢制成，硬度可达 HRC 55，表面经过磷化处理不会反光。护手可以伸展，并当作开瓶器使用。格洛克刺刀的刀柄非常简单，五条横向凹槽可以提高握持力。刀柄尾部有个挂绳孔，末端的插孔平时用一个插头封闭。必要时可以将刀子插到木棍前端，充当临时的长矛。

# 瑞士军刀

瑞士军刀（Swiss Army knife）又常称为瑞士刀或万用刀，是一种集成许多工具在内的折叠刀，由于瑞士军方为士兵配备这类工具刀而得名。

## 研发历史

1891年，瑞士人卡尔·埃尔森纳是最早制作瑞士军刀的人。当时的瑞士军刀有木质的手柄（今日多为塑胶和金属制），并仅有两种工具，分别是螺丝起子和开罐器。1897年，卡尔·埃尔森纳发明了新的弹簧，瑞士军刀才开始能够装进比较多的工具。1909年，卡尔·埃尔森纳开始在瑞士军刀的红色握把上刻白色十字盾牌来做商标，并以母亲维多利亚的名字来命名这个产品，创立了维氏公司。另一个常见的瑞士军刀品牌是同样创立于瑞士的威格，过去该公司也制造瑞士军刀供应瑞士军方，不过在2005年时该公司被维氏公司收购，所以目前维氏公司是瑞士军方的唯一军刀供应商。除了维氏之外，还有众多的厂商生产类似的多用途工具刀，但是一般只有维氏和威格的产品才被认为是正宗的瑞士军刀。

| 基本参数（瑞士冠军） | |
| --- | --- |
| 全长 | 91毫米 |
| 全宽 | 26毫米 |
| 厚度 | 33毫米 |
| 重量 | 185克 |
| 功能数量 | 33项 |
| 相关简介 | |

## 实战性能

　　瑞士军刀是利用黄铜铆钉将加工过的钢件、其他工具、分隔衬片和握柄贴片结合在一起。铆钉是由裁切并削尖成适当尺寸的固体黄铜棒制造。工具之间的分隔衬片最初是用镍银制造而成，自1951年以来便改由铝合金制造，主要是为了减轻刀具重量。瑞士军刀有多种型号，包括瑞士冠军（Swiss Champ）、攀登者（Climber）、猎人（Huntsman）、工作冠军（Work Champ）、登山家（Mountaineer）等，各个型号的功能有一定的区别。一般来说，瑞士军刀的基本工具包括主刀片、较小的副刀片、镊子、圆珠笔、牙签、剪刀、平口刀、开罐器、螺丝起子等。

工作冠军

攀登者

### 趣味小知识

　　要使用瑞士军刀的某个工具时，只要将它从刀身的折叠处拉出来即可。有些瑞士军刀具有锁定一样到两样工具的结构，以避免工具在使用时无预警阖上。

# 尼泊尔廓尔喀弯刀

廓尔喀（Kukri）弯刀也被称为反曲刀，因其刀锋和一般弯刀相反。它不仅是尼泊尔的国刀，并且是廓尔喀士兵的荣誉象征。因其性能出色，世界各国多支特种部队都有装备。

美国史密斯·韦森公司生产的廓尔喀弯刀

美国卡巴刀具公司生产的廓尔喀弯刀

## 研发历史

廓尔喀弯刀原产于尼泊尔，目前在世界各国的特种部队中颇为流行。廓尔喀弯刀起源于古代，不仅仅作为一种有力的武器，而且也是尼泊尔山林居民平时的一种多用工具。而让廓尔喀弯刀声名远扬的则是近代隶属英军的尼泊尔廓尔喀步兵团，他们在两次世界大战中让敌人吃尽苦头，在二战后的英国参加的数次战争也发挥了重要作用。由于性能出色，世界各国多家刀具公司都在生产类似的弯刀。

| 基本参数 | |
|---|---|
| 全长 | 450 毫米 |
| 刀刃长 | 310 毫米 |
| 刀刃厚 | 4 毫米 |
| 刀身宽 | 30 毫米 |
| 重量 | 900 克 |
| 相关简介 | |

## 实战性能

最初的廓尔喀弯刀完全以手工制成，需要 4 个工人耗费一整天时间才能完成一把。廓尔喀弯刀特别注重实用性，装饰性其次。头重脚轻，前宽后窄，刀背厚刀刃薄的刀身状如狗腿，赋予其超凡的劈砍能力。劈砍时，使用者的力量集中在刀的前部，可媲美斧子的杀伤力，非常适合肉搏砍杀和在丛林中行进时开路。刀身底部有小小的 V 形凹痕，可以将拔出后的鲜血导引，以免玷污刀柄。

### 趣味小知识

廓尔喀弯刀不仅可用于近身格斗，还是优秀的野外求生刀具，适合修理装备、挖洞、削尖帐篷支柱、切肉、开罐头、解剖猎物等。

# Chapter 07

# 特种作战载具

　　机动快速是特种部队尤为重要的一项特征，而这种快速很大程度上来自特种部队装备的各种载具，包括车辆、舰艇和飞行器等。它们不仅是特种部队快速部署的关键，也是特种部队的重要火力支援。

# 美国"悍马"装甲车

"悍马"装甲车是由美国汽车公司（AMC）于20世纪80年代设计生产的轮式装甲车，正式名称为高机动性多用途轮式车辆（HMMWV）。

内部特写

进气格栅特写

## 研发历史

1979年，美国汽车公司根据美国陆军在军事战略上的需求，开始研发美国陆军的专用车辆——高机动性多用途轮式车辆，以替代旧式车辆。1980年7月，原型车HMMWV XM966在美国内华达州的沙漠地区内历经各类严苛的测试后，取得美国陆军极高的评价。1983年3月22日，美国汽车公司与美国陆军装甲及武器指挥部签订高达120亿美元（制造数量为55 000辆）的生产合约。1985年1月2日起，首批"悍马"装甲车开始生产，并陆续交付美国陆军使用。此后，"悍马"装甲车的各种衍生型相继问世，逐渐形成一个大车族。

| 基本参数 | |
|---|---|
| 长度 | 4.57米 |
| 宽度 | 2.16米 |
| 高度 | 1.83米 |
| 重量 | 2680千克 |
| 最高速度 | 113千米/时 |
| 相关简介 | |

## 实战性能

"悍马"装甲车拥有一个可以乘坐4人的驾驶室和一个帆布包覆的后车厢。4个座椅被放置在车舱中部隆起的传动系统的两边，这样的重力分配，可以保证其在崎岖光滑的路面上有良好的抓地力和稳定性。"悍马"装甲车是一种具备特殊用途武器平台的轻型战术车辆，它可以改装成包括反坦克导弹、防空导弹、榴弹发射器、重机枪等各类武器发射平台或装备平台，美国陆军大多数武器系统均可安装在"悍马"装甲车上。

"悍马"装甲车在山区行驶

🛡 趣味小知识

　　1991年，"悍马"装甲车在海湾战争中表现出色，因其优异的机动性、越野性、可靠性和耐久性而名声大噪。

# 美国 L-ATV 装甲车

L-ATV 装甲车是美国奥什科什卡车公司研制的新型四轮装甲车，为美军"联合轻型战术车辆"（Joint Light Tactical Vehicle，JLTV）计划的胜出者，2019年1月开始服役，逐步取代"悍马"装甲车。

驾驶席特写

前脸特写

### 研发历史

"联合轻型战术车辆"计划始于2005年，到2012年3月，英国宇航系统公司、通用动力公司、洛克希德·马丁公司、奥什科什卡车公司、美国汽车公司、纳威司达·萨拉托加公司等多家企业都提出了自己的JLTV方案。2012年8月，美国陆军和海军陆战队选定洛克希德·马丁公司、奥什科什卡车公司和美国汽车公司的提案进入工程和制造发展阶段。在经过对比测试之后，美国陆军于2015年8月宣布由奥什科什卡车公司的L-ATV装甲车得标。美国陆军计划在2040年以前装备5万辆L-ATV装甲车，美国海军陆战队计划装备5 500辆。

| 基本参数 | |
|---|---|
| 长度 | 6.25米 |
| 宽度 | 2.5米 |
| 高度 | 2.6米 |
| 重量 | 6.4吨 |
| 最大速度 | 110千米/时 |
| 相关简介 | |

### 实战性能

L-ATV 装甲车基本分为2座车型和4座车型，与"悍马"装甲车相比，L-ATV装甲车的配置更加先进。L-ATV 装甲车可装配更多的防护装甲，标准版车型拥有抗雷爆能力，配备了简易爆炸装置（IED）检测装置。L-ATV 装甲车不仅可抵御步枪子弹的直接射击，还能在地雷或简易爆炸装置的袭击下最大限度地降低乘员的伤亡。必要时，L-ATV 装甲车还能搭载主动防御系统。该车的车顶可以搭载各种小口径和中等口径的武器，包括重机枪、自动榴弹发射器、反坦克导弹等。此外，还可安装烟幕弹发射装置。

# 美国沙漠侦察车

沙漠侦察车（Desert Patrol Vehicle，DPV）是由美国切诺斯公司于 1991 年开始生产的轻型攻击车辆，也称为快速攻击车（Fast Attack Vehicle，FAV）。

正面特写

右侧特写

## 研发历史

沙漠侦察车是由美国切诺斯公司于 20 世纪 80 年代后期开始研制的轻型攻击车辆，1991 年开始批量生产，并被投入到海湾战争中使用。在"沙漠风暴"行动中，美国海军"海豹"突击队便是乘坐沙漠侦察车进入科威特城。沙漠侦察车不仅装备了多支美国特种部队，英国特别空勤团、荷兰海军陆战队和沙特阿拉伯特种部队等也有使用。

| 基本参数 | |
|---|---|
| 长度 | 4.08 米 |
| 宽度 | 2.11 米 |
| 高度 | 2.01 米 |
| 重量 | 960 千克 |
| 最高速度 | 130 千米 / 时 |
| 相关简介 | |

## 实战性能

沙漠侦察车采用 4×2 驱动方式，快速响应式后轮驱动系统，提高了越野性能。该车装有两挺 7.62 毫米机枪，车长位置是 1 挺 12.7 毫米 M2 重机枪或 1 挺 40 毫米 MK 19 自动榴弹发射器。此外，还可选装 30 毫米机关炮、AT-4 反坦克火箭筒、"陶"式反坦克导弹或"毒刺"地对空导弹等，也可装备现代化的通信设备、夜视装置和卫星定位系统，这些设备可提高该车的作战性能，即使在黑夜，也能保证在不开灯的情况下准确无误、迅速地行驶到目的地。

### 趣味小知识

沙漠侦察车极大地增强了美国特种部队的地面机动力，它的轮胎采用自动调压系统和抗爆特殊材料，能通过敌方设置的反坦克雷区而不轻易引爆地雷，因此能执行多种任务。

# 美国先进轻型突击车

先进轻型突击车（Advanced Light Strike Vehicle，ALSV）是由美国切诺斯公司在沙漠侦察车基础上改进而来的特种作战车辆，在机动性和大型化方面作了很多改进。

## 研发历史

鉴于沙漠侦察车在海湾战争中被灵活运用于许多特殊任务，取得了很好的成绩，美国切诺斯公司于 1996 年推出了沙漠侦察车的改良型——先进轻型突击车，尺寸有所加大，机动性也有所加强。美国海军"海豹"突击队曾在伊拉克和阿富汗战场上使用先进轻型突击车，而美国海军陆战队也曾在"沙漠风暴"行动中使用。

| 基本参数 | |
|---|---|
| 长度 | 6.22 米 |
| 宽度 | 2.56 米 |
| 高度 | 2.59 米 |
| 重量 | 1600 千克 |
| 最高速度 | 130 千米/时 |
| 相关简介 | |

## 实战性能

与沙漠侦察车相比，先进轻型突击车的重量增大不少，车重达 1 600 千克，有效负载为 1 100 千克。先进轻型突击车的设计重点在于采用了 118 千瓦的柴油发动

机和四轮独立悬吊系统，由于在动力方面还有富余，所以还可在车体上安装轻装甲或小型炮塔。该车装有洛克希德·马丁公司的稳定式小口径武器支座，便于安装各种轻武器。车体由高强度复合材料钢管所架构，车体前方有两个座位，机枪手需要将身体伸出车外以便操作车顶部的机枪、榴弹发射器等武器。

前脸特写

尾部特写

**趣味小知识**

　　先进轻型突击车比沙漠侦察车更大更重，能搭载更多的作战物资，但机动性能却没有受到影响。

# 美国"水牛"防地雷反伏击车

"水牛"防地雷反伏击车是由美国研制的轮式反地雷反伏击车（Mine Resistant Ambush Protected，MRAP），主要在伊拉克和阿富汗战场上使用。

驾驶室外部特写

大灯特写

## 历史回顾

在伊拉克和阿富汗战场上，敌方武装人员使用的简单爆炸装置（Improvised Explosive Device，IED）让美军防不胜防。IED 和地雷给美军造成了极大的伤亡，也暴露出"悍马"装甲车不能为车内人员提供足够保护的问题。因此，美军急需一种具有较高防护能力的战车以应对战争局势。MRAP 项目不到一年就完成了概念研究，并向生产厂家订购了数千辆战车。2007 年，"水牛"防地雷反伏击车开始服役，美军常规部队和特种部队均有装备。此后，美军又陆续研制了其他 MRAP 车型。

| 基本参数 | |
| --- | --- |
| 长度 | 8.2 米 |
| 宽度 | 2.6 米 |
| 高度 | 4 米 |
| 重量 | 25 吨 |
| 最高速度 | 105 千米/时 |
| 相关简介 | |

## 主要结构

"水牛"防地雷反伏击车的设计参考了南非的"卡斯皮"地雷防护车，后者原为四轮设计，而"水牛"改为六轮，车头具有大型遥控工程臂以用于处理爆炸品。"水牛"采用 V 形车壳，若车底有地雷或 IED 爆炸时能将冲击波分散，有效保护车内人员免受严重伤害。在伊拉克及阿富汗服役的"水牛"更加装鸟笼式装甲以防护 RPG-7 火箭筒的攻击。

# 美国 Mk Ⅴ 特种作战艇

Mk Ⅴ 特种作战艇是由美国海军特种作战司令部配备的特种作战艇，1995 年 9 月开始服役，主要装备美国海军辖下的特种部队。

### 研发历史

1994 年，Mk Ⅴ 特种作战艇在美国海军的选型试验中胜出，次年开始装备美国海军特种部队。Mk Ⅴ 特种作战艇执行中等距离的特种部队渗透和撤离任务，并能在威胁相对较小的区域执行海岸巡逻和封锁任务。在执行任务时，该艇需要 5 名"特战快艇运载员"进行操作。

### 实战性能

| 基本参数 | |
|---|---|
| 标准排水量 | 57 吨 |
| 长度 | 25 米 |
| 宽度 | 2.25 米 |
| 吃水深度 | 1.5 米 |
| 最高速度 | 65 节 |
| 相关简介 | |

Mk Ⅴ 特种作战艇为铝质船体，可搭载 16 名全副武装的特种兵。艇上还带有 4 艘突击战斗橡皮艇。Mk Ⅴ 特种作战艇可使用的武器种类较多，包括 12.7 毫米 Mk 46 Mod 4 机枪、25 毫米"大毒蛇"机炮、40 毫米 Mk 19 榴弹发射器和"毒刺"导弹等。Mk Ⅴ 特种作战艇分遣队一般包括两艘小艇和保障装备，可由两架 C-5"银河"运输机在接到通知后 48 小时内进行部署，分遣队的装备可以在现有的铁路上进行运输。

艇艏部特写

右舷特写

高速航行的Mk V特种作战艇

**趣味小知识**

　　一般来说，Mk　Ⅴ特种作战艇执行的特种作战任务时间一般持续12小时，它可与沿海巡逻艇和硬质充气艇协同行动。这些舰艇可以从前沿基地出发，对目标实施外科手术式打击。

# 美国"短剑"高速隐形快艇

"短剑"快艇是由美国海军设计建造的隐形高速快艇，编号为 M80，2006 年 1 月下水，主要装备美国海军特种部队用于近海作战试验。

| 基本参数 | |
| --- | --- |
| 标准排水量 | 45 吨 |
| 长度 | 27 米 |
| 宽度 | 12 米 |
| 吃水深度 | 0.8 米 |
| 最高速度 | 51 节 |
| 相关简介 | |

## 研发历史

"短剑"快艇由 M 船舶公司（M Ship Company）建造，旨在对美国国防部的近海作战概念进行试验。2006 年下水之后，美国海军远征作战司令部已经对无人系统、固态雷达、360 度红外传感器、全动态视频系统，以及指挥控制显示器进行了评估。作为专门输送特种兵的新概念装备，"短剑"快艇将大大提高美军近海输送和作战能力。2013 年 2 月，英国也使用"短剑"快艇作为试验平台，对无人机系统设备和技术进行能力演示，以提高小型舰艇作战时的态势感知能力。

## 实战性能

"短剑"快艇的艇体使用碳纤维合成材料一次成型制造，整个生产过程中没有使用一枚钉子、铆钉，而且不用焊接，因此它的外表十分光滑。艇体采用隐身构造，并采用隐形材料制造船壳，不易被雷达发现。"短剑"快艇允许空气和水从下面流过，从而减少风的阻力并产生上升力，最快速度可以达到 51 节。驾驶"短剑"快艇只需要 3 名船员，它一次能够运载 12 名全副武装的"海豹"突击队员和 1 艘长 11 米的特种作战刚性充气艇，还能够搭载 1 架小型无人机。

### 趣味小知识

"短剑"快艇的设计不但使其获得了高速，也使其航行过程中的稳定性更高，高速航行中的颠簸现象大大减轻，这使得乘坐的舒适度和安全性大大提高。

# 美国河岸特战艇

　　河岸特战艇是由美国海事公司研制的特种作战艇，主要用于在河岸地带遂行渗透任务。

| 基本参数 | |
|---|---|
| 标准排水量 | 7.3 吨 |
| 满载排水量 | 9.4 吨 |
| 长度 | 10 米 |
| 吃水深度 | 0.61 米 |
| 最高速度 | 40 节 |
| 相关简介 | |

## 研发历史

　　近海沿岸与河流地带向来是各国的政治经济重心所在。21 世纪后，跨国恐怖组织和犯罪集团的活跃，更使得在内河水域的特种作战成为军事强国重视的课题。不少国家都开发了专门用于沿岸与河流作战的特种作战快艇，美国海事公司为美国海军"海豹"突击队研制的河岸特战艇就是其中之一。

## 实战性能

　　河岸特战艇从设计之初就被要求兼有巡逻艇与输送艇的特性，它通过 2 台 324 千瓦的柴油发动机分别驱动两具高效能的喷水推进器，极限冲刺航速达每小时 72 千米。再加上不到 0.5 米的吃水深度，将河岸特战艇必备的机动性发挥得淋漓尽致，能够轻松冲上平缓的岸滩，大大减少特种兵上岸和卸载装备的时间。河岸特战艇具有惊人的承载能力，除 4 名艇员和 8 名特种兵外，还能装进 310 千克的任务装备，这对于增强特战小队的持续作战能力大有帮助。

# 美国"海豹"运输载具

"海豹"运输载具（SEAL Delivery Vehicle，SDV）是由美国研制的小型水下推进器，方便美国海军"海豹"突击队在大型潜艇吃水不足无法靠岸的情况下快速登陆。

舾部特写

舱门特写

## 研发历史

在 SDV 尚未问世时，美军核潜艇要想将特种部队投放到敌方海岸，就必须冒险潜伏到距离对方海岸线非常近的潜水区域，很容易暴露。SDV 于 20 世纪 70 年代中期研制成功，目前在役的主要是 Mk 8 型，而此前的 Mk 6 型、Mk 7 型和 Mk 11 型均已退役。SDV 可搭载 4 名"海豹"队员，他们完全依靠水下呼吸器呼吸，其任务主要是进行水文地形勘测、搜索侦察及有限的直接作战。由于 SDV 是敞开式结构，为了航渡需要，美国还研制了配套的"干式甲板换乘舱"（Dry Deck Shelter，DDS）。

| 基本参数 | |
|---|---|
| 直径 | 1.8 米 |
| 长度 | 6.7 米 |
| 水下航速 | 6 节 |
| 最大航程 | 60 海里 |
| 操作人员 | 2 人 |
| 相关简介 | |

## 实战性能

SDV 在使用核潜艇搭载时，要与核潜艇上安装的 DDS 配合使用。DDS 通常以对接的方式单独或两艘并列固定在经过改装的核潜艇指挥台围壳后方。对 SDV 来说，DDS 就像是移动式的车库。由于"海豹"队员在部署时，从核潜艇内部出舱到做好战斗准备需要较长的时间，在一些情况下，为了能够在核潜艇抵达预定位置之后迅速行动，"海豹"队员不得不在核潜艇出航之后就浸泡在冰冷的海水中。为了维持战斗力，"海豹"队员登陆后的第一件事往往是给自己的身体加温。DDS 使这个问题在很大程度上得到了解决。

# 美国 AH-6 "小鸟" 武装直升机

AH-6 "小鸟" 直升机是由休斯直升机公司（1985 年并入麦克唐纳·道格拉斯公司，后又并入波音公司）研制的轻型武装直升机，从 2005 年服役至今。

后部特写

驾驶舱外部特写

## 研发历史

1960 年，美国陆军提出轻型观察直升机计划（LOH），休斯直升机公司、贝尔直升机公司和希勒飞机公司参与了招标。两年后，休斯公司制造了 5 架 OH-6A 原型机与贝尔公司的 OH-4A 和希勒公司的 OH-5A 进行竞争。1965 年 2 月 26 日，休斯公司的 OH-6A 在竞争中获胜。1966 年 9 月，被命名为 "印第安种小马" 的 OH-6 直升机开始交付。21 世纪初，为使轻型直升机也能具备一定强度的火力打击能力，休斯公司又在 OH-6 直升机的基础上发展出了 AH-6 武装直升机和 MH-6 轻型突击直升机，均被美国陆军称为 "小鸟"。

| 基本参数 | |
|---|---|
| 长度 | 9.94 米 |
| 高度 | 2.48 米 |
| 旋翼直径 | 8.3 米 |
| 重量 | 722 千克 |
| 最高速度 | 282 千米/时 |
| 相关简介 | |

## 实战性能

AH-6 直升机是世界上最小的武装直升机，具有低噪声、低红外成像的特点，尤其适合特种作战，所以受到美军特种部队的欢迎。在特种作战行动中，AH-6 直升机可以依靠小巧灵活的特点降落在狭小的街道，并在放下特战队员后快速起飞脱离危险区域。AH-6 直升机可以搭载的武器种类较多，包括 7.62 毫米机枪、30 毫米机炮、70 毫米火箭发射巢、"陶" 式反坦克导弹等，甚至还能挂载 "毒刺" 导弹进行空战。

# 美国 MH-47 "支奴干" 直升机

MH-47 直升机是 CH-47 "支奴干" 直升机的特种作战衍生型，主要供美国陆军特种部队使用，1992 年开始服役。

尾部舱门特写

头部特写

## ████▶ 研发历史

20 世纪 50 年代末，波音公司根据美国陆军发布的中型运输直升机招标书，发展出 CH-46 "海上骑士" 直升机，其放大的改进版本便是后来的 CH-47 "支奴干" 直升机。1963 年，CH-47A 开始装备美军，后来又发展了 B、C、D 型。其中，CH-47D 是美国陆军 21 世纪初空中运输直升机的主力。1987 年 12 月 2 日，波音公司收到 8180 万美元的合同，即在 CH-47D 的基础上为美国陆军特种部队研制一架 MH-47 原型机。该机在 1990 年 6 月 1 日首飞，首批 11 架于 1992 年 11 月交付。

| 基本参数 | |
|---|---|
| 长度 | 30.1 米 |
| 高度 | 5.7 米 |
| 旋翼直径 | 18.3 米 |
| 重量 | 11 148 千克 |
| 最高速度 | 315 千米 / 时 |
| 相关简介 | |

## ████▶ 实战性能

为适应特种部队的作战要求，MH-47 直升机加装了空中受油系统，快速滑降装置及其他一些升级和特种装备。该机具有全天候飞行能力，可在恶劣的高温、高原气候条件下完成任务，还可进行空中加油，具有远程支援能力。部分型号机身上半部分为水密隔舱式，可在水上起降。该机运输能力强，可运载 33 ~ 35 名武装士兵，或运载一个炮兵排，还可吊运火炮等大型装备。凭借特种装备和夜视仪，即使能见度很低，MH-47 直升机也可以凭借精确的导航在低海拔的各种地形上执行作战任务。

# 美国 MH-53 "低空铺路者" 直升机

MH-53 "低空铺路者" 直升机是 CH-53 "海上种马" 直升机的特种作战衍生型，主要有 MH-53E、MH-53H、MH-53J、MH-53M 等型号。

桨毂特写

头部特写

## 研发历史

CH-53 直升机是根据美国海军提出的空中运输直升机要求研制的，主要用于突击运输、舰上垂直补给和运输。该机于 1962 年 8 月开始研制，1964 年 10 月首次试飞，1966 年 6 月开始交付。20 世纪 80 年代，西科斯基公司在 CH-53E 基础上改进出 MH-53E，1983 年开始服役。此后，又陆续出现了 MH-53H、MH-53J、MH-53M 等型号。其中，MH-53J 用于执行低空远程全天候突击任务，主要为特种部队渗透作战提供机动和后勤保障。

| 基本参数 | |
|---|---|
| 长度 | 28 米 |
| 高度 | 7.6 米 |
| 旋翼直径 | 21.9 米 |
| 最大起飞重量 | 21 000 千克 |
| 最高速度 | 315 千米 / 时 |
| 相关简介 | |

## 实战性能

MH-53 直升机以航空母舰、两栖攻击舰或其他战舰为基地执行运输任务，一次能够运送 55 名士兵或 16 吨有效载重飞行 90 千米，或运载 10 吨有效载重飞行 900 千米。执行扫雷任务时，MH-53 可以拖带一个综合多功能扫雷系统，外形类似一条双体小船，携带有多种探雷设备和扫雷器械，包括 Mk 105 扫雷滑水撬、ASQ-14 侧向扫描声呐、Mk 103 机械扫雷系统。该机装有必要的自卫武器，包括反坦克武器、7.62 毫米机枪或 12.7 毫米机枪吊舱。

# 美国 MH-60"黑鹰"直升机

MH-60 直升机是 UH-60"黑鹰"通用直升机的特种作战衍生型，有 MH-60A、MH-60K、MH-60L 等型号，主要装备美国陆军和海军特种部队。

驾驶舱特写

发动机进气口特写

| 基本参数 | |
|---|---|
| 长度 | 19.76 米 |
| 高度 | 5.13 米 |
| 旋翼直径 | 16.36 米 |
| 最大起飞重量 | 11 113 千克 |
| 最高速度 | 357 千米 / 时 |
| 相关简介 | |

## 研发历史

1979 年，UH-60"黑鹰"直升机进入美国陆军服役。20 世纪 80 年代，西科斯基公司在 UH-60 基础上研制了多种特种作战衍生型，包括 MH-60A、MH-60K、MH-60L、MH-60S 等。MH-60A 是以 UH-60A 为基础改装而来，MH-60L 则是以 UH-60L 为基础改装而来，而这两种机型都是 MH-60K 服役前的过渡机型。MH-60K 原型机在 1990 年 8 月 10 日首飞，首架生产型在 1992 年 2 月 26 日首飞。

## 实战性能

在大部分天气情况下，MH-60 直升机三名机组成员中的任何一人都可以操纵飞机运送一个全副武装的 11 人步兵班。MH-60 通常装有 2 挺 7.62 毫米 M60 机枪、M240 机枪或 M134 航空机枪，1 具 19 联装 70 毫米火箭发射巢。该机还可发射 AGM-119"企鹅"反舰导弹和 AGM-114"地狱火"空对地导弹。MH-60 直升机在执行低飞作战任务时，极易遭受地面火力攻击，因此采取了很多措施提高生存力。

# 美国 MV-22 "鱼鹰" 倾转旋翼机

MV-22 倾转旋翼机是 MV-22 "鱼鹰" 倾转旋翼机的特种作战衍生型，由美国贝尔直升机公司和波音公司联合研制，2007 年开始服役。

货舱内部特写

旋翼特写

## 研发历史

"鱼鹰" 倾转旋翼机于 20 世纪 80 年代开始研发，2007 年开始在美国海军陆战队服役，以取代服役较久的 CH-46 "海骑士" 直升机和 CH-53E "超级种马" 直升机，执行搜救及作战任务。2009 年起，美国空军也开始部署空军专用的衍生版本。目前，"鱼鹰" 系列倾转旋翼机已被美国空军及海军陆战队部署于伊拉克、阿富汗和利比亚，执行作战及救援任务。

| 基本参数 | |
| --- | --- |
| 长度 | 17.5 米 |
| 高度 | 11.6 米 |
| 翼展 | 14 米 |
| 重量 | 15 032 千克 |
| 最高速度 | 565 千米/时 |
| 相关简介 | |

## 实战性能

"鱼鹰" 倾转旋翼机将直升机和固定翼飞机的特点和长处集于一体，实现了两者的完美结合。总的来说，"鱼鹰" 倾转旋翼机具有速度快、噪声小、振动小、航程远、载重量大、耗油率低、运输成本低等优点，但也有技术难度高、研制周期长、气动特性复杂、可靠性及安全性低等缺陷。

### 趣味小知识

"鱼鹰" 倾转旋翼机在机翼两端各有一个可变向的旋翼推进装置，包含劳斯莱斯 T406 涡轮轴发动机及由三片桨叶所组成的旋翼，整个推进装置可以绕机翼轴由朝上与朝前之间转动变向，并能固定在所需方向，因此能产生向上的升力或向前的推力。

# 俄罗斯 BTR-80 装甲车

BTR-80 装甲车是由苏联于 20 世纪 80 年代研制的轮式装甲车，主要用于人员输送。目前，BTR-80 装甲车仍然在俄罗斯军队服役，乌克兰和马其顿等国的特种部队也有装备。

尾部特写

炮塔装甲特写

### 研发历史

20 世纪 80 年代，苏军主要的装甲人员运输车是 BTR-70。虽然与上一代的 BTR-60 相比，BTR-70 已经有了非常大的改善，但是 BTR-70 仍然存在双汽油发动机设计复杂、耗油量较大等问题。为此，苏联开始设计一款代号为 GAZ-5903 的装甲人员运输车。新的装甲人员运输车的总体布局与 BTR-70 相同，但是更换了新的机械设备。1984 年，在通过国家测试之后，GAZ-5903 以 BTR-80 的编号进入苏军服役。1987 年 11 月，BTR-80 在莫斯科举行的阅兵式上首次公开露面。

| 基本参数 | |
|---|---|
| 长度 | 7.7 米 |
| 宽度 | 2.9 米 |
| 高度 | 2.41 米 |
| 重量 | 13 600 千克 |
| 最高速度 | 80 千米 / 时 |
| 相关简介 | |

### 实战性能

BTR-80 装甲车的炮塔位于车体中央位置，炮塔顶部可 360 度旋转，其上装有 1 挺 14.5 毫米 KPVT 大口径机枪，辅助武器为 1 挺 7.62 毫米 PKT 并列机枪。车内可携带 2 枚 9K34 或 9K38 "针" 式单兵防空导弹和 1 具 RPG-7 式反坦克火箭筒。载员舱在炮塔之后，6 名步兵背靠背坐在当中的长椅上。BTR-80 装甲车有防沉装置，一旦车辆在水中损坏也不会很快下沉。

# 俄罗斯"虎"式装甲车

"虎"式装甲车是由俄罗斯嘎斯汽车公司于21世纪初研制的轮式轻装甲越野车，2006年开始服役。

| 基本参数 | |
| --- | --- |
| 长度 | 5.7米 |
| 宽度 | 2.4米 |
| 高度 | 2.4米 |
| 重量 | 7.2吨 |
| 最高速度 | 140千米/时 |
| 相关简介 | |

## 研发历史

在第一次车臣战争（1994-1996年）期间，俄罗斯军队装备的BTR系列装甲车以及UAZ-469B系列轻型指挥车，在车臣叛军RPG火箭弹、DShK重机枪等火力的围攻下损失惨重。1997年，俄罗斯军队装备部门着手研发一款类似美军"悍马"装甲车的轮式轻型装甲车，以便执行从远东、西伯利亚平原至外高加索地区甚至广袤的中东沙漠等地区，执行城市反恐和丘陵地区突击等反恐作战任务。新型装甲车的研发任务由嘎斯汽车公司承担，其成果就是"虎"式装甲车。该车于2006年正式服役，至2014年约有4万台"虎"式装甲车成为俄罗斯军队制式装备，有不同的改型车充当警用车、特种攻击车、反坦克发射车以及通信指挥车。

## 实战性能

与俄罗斯之前的越野车相比，"虎"式装甲车的装甲防护得到了极大的加强，整车更是配置了核生化三防系统。"虎"式装甲车的车体由厚度为5毫米、经过热处理的防弹装甲板制成，可有效抵御轻武器和爆炸装置的攻击。"虎"式装甲车可以搭载多种武器，包括7.62毫米PKP通用机枪、12.7毫米Kord重机枪、AGS-17型30毫米榴弹发射器、"短号"反坦克导弹发射器等。该车可以搭载10名全副武装的步兵，有效载荷为1.5吨。

---

# 乌克兰 "野牛" 级气垫登陆艇

"野牛"级气垫登陆艇是由苏联于 20 世纪 80 年代设计建造的气垫登陆艇,也是目前世界上最大的气垫登陆艇。

| 基本参数 | |
| --- | --- |
| 满载排水量 | 555 吨 |
| 长度 | 57.3 米 |
| 宽度 | 25.6 米 |
| 吃水深度 | 1.6 米 |
| 最高速度 | 63 节 |
| 相关简介 | |

## ▶ 研发历史

苏联在 1978 年开始着手研制大型气垫登陆船。20 世纪 80 年代,位于圣彼得堡的阿尔马兹船厂开始研制 "野牛" 级气垫登陆艇,此外也转移技术至乌克兰费奥多西亚市大海造船厂建造。该级艇可用于两栖作战时的登陆运输任务,可对岸边的部队提供火力支持,同时还可运送和布置水雷。1988 年,"野牛" 级气垫登陆艇开始服役,截至 2019 年 5 月仍然在役。

## ▶ 实战性能

"野牛" 级气垫登陆艇有 400 平方米的面积可用于装载,自带燃料 56 吨。该级艇可运载 3 辆主战坦克,或 10 辆步兵战车加上 140 名士兵,若单独运送武装士兵则可达到 500 人。"野牛" 级气垫登陆艇配备的火力大大高于其他气垫登陆艇,装备有 8 座四联装 "箭 -3M" 或 "箭 -2M" 防空导弹发射装置,2 门 30 毫米 AK-630 机炮,2 座二十二管 140 毫米火箭弹发射装置,以及 20 ~ 80 枚鱼雷。

### 趣味小知识

"野牛" 级气垫登陆艇的舰体采用坚固的浮桥式构造,具有良好的稳定性和耐波性。

# 俄罗斯米-24"雌鹿"直升机

米-24"雌鹿"直升机是由米里设计局研制的苏联第一代专用武装直升机，1972年开始服役。

机翼下挂架特写

机鼻部位特写

## 研发历史

1968年，苏联陆军提出了米-24直升机的设计要求，由米里担任总设计师，1969年原型机首次试飞。1970年米里去世之后，季莫申科接替了他的职务，并主持设计了后来大量装备军队的米-24D直升机。米-24直升机于1971年定型，1972年年底投入批量生产，随后开始装备部队使用。除了俄罗斯本国使用，米-24直升机还出口到多个国家，包括阿富汗、阿尔及利亚、安哥拉、印度、伊拉克、利比亚、尼加拉瓜、越南、也门等。

| 基本参数 | |
|---|---|
| 长度 | 17.5米 |
| 高度 | 6.5米 |
| 旋翼直径 | 17.3米 |
| 重量 | 8 500千克 |
| 最高速度 | 335千米/时 |
| 相关简介 | |

## 实战性能

米-24直升机的主要武器为1挺12.7毫米"加特林"四管机枪。该机有4个武器挂载点，可挂载4枚AT-2"蝇拍"反坦克导弹，或128枚57毫米火箭弹（4具UV-32-57火箭发射器）。此外，还可挂载1 500千克化学或常规炸弹，以及其他武器。米-24直升机的机身装甲很强，可以抵抗12.7毫米子弹攻击。

### 趣味小知识

米-24直升机的作战任务主要为压制敌方地面部队和防空火力，并且能够运输少量的步兵到执行战术作战。因为外形轮廓和迷彩纹路与鳄鱼相似，苏联飞行员称其为"飞行战车"或"鳄鱼"。

# 俄罗斯米-28"浩劫"直升机

米-28"浩劫"直升机是由米里设计局研制的单旋翼带尾桨全天候专用武装直升机，1996年开始服役。

驾驶舱外部特写

机鼻部位特写

## 研发历史

米-28直升机于1972年开始设计，1982年11月首次试飞，1989年6月完成90%的研制工作，并在法国的国际航空展首次亮相。由于设计思维大量借鉴了AH-64"阿帕奇"直升机，因此米-28被西方国家戏称为"阿帕奇斯基"。虽然自问世以来，米-28直升机的综合性能受到俄军的高度肯定，然而苏联解体之后的俄军缺乏足够的采购经费，因此很长一段时间都无力购买。目前，俄罗斯装备了少量米-28直升机。此外，委内瑞拉、土耳其等国也曾少量采购。

| 基本参数 | |
|---|---|
| 长度 | 17.01米 |
| 高度 | 3.82米 |
| 旋翼直径 | 17.20米 |
| 重量 | 8 100千克 |
| 最高速度 | 325千米/时 |
| 相关简介 | |

## 实战性能

米-28直升机的主要武器为1门30毫米2A42机炮，备弹250发。该机有4个武器挂载点，可挂载16枚AT-6反坦克导弹，或40枚火箭弹（两个火箭巢）。此外，还可以挂载AS-14反坦克导弹、R-73空对空导弹、炸弹荚舱、机炮荚舱。米-28直升机的机身横截面小，有助于提高灵活性和生存能力。座舱安装了50毫米厚的防弹玻璃，能承受12.7毫米枪弹的打击。旋翼叶片上有丝状玻璃纤维包裹，发动机和油箱都有周到的防护措施。

# 俄罗斯卡-52 "短吻鳄" 直升机

卡-52 "短吻鳄" 直升机是由卡莫夫设计局在卡-50 直升机的基础上改进而来的武装直升机，从 2011 年服役至今。

旋翼桨毂特写

### 研发历史

20 世纪末，为了更好地发挥威力，卡-50 直升机非常需要一个能为其提供战场情报、进行协调与控制的保障机。这样，能够提供各种情报、进行战场控制的双座型卡-52 也就应运而生了。该机于 1997 年 6 月首次试飞，2011 年 11 月正式服役。

驾驶舱玻璃前挡特写

### 实战性能

卡-52 直升机最显著的特点是采用并列双座布局的驾驶

| 基本参数 | |
|---|---|
| 长度 | 15.96 米 |
| 高度 | 4.93 米 |
| 旋翼直径 | 14.43 米 |
| 重量 | 8 300 千克 |
| 最高速度 | 310 千米 / 时 |
| 相关简介 | |

舱，而非传统的串列双座。该机有 85% 的零部件与已经批量生产的卡-50 直升机通用。卡-52 直升机装有一门不可移动的 23 毫米机炮，短翼下的 4 个武器挂架可挂载 12 枚超音速反坦克导弹，也可安装 4 个火箭发射巢。为消灭远距离目标，卡-52 直升机还可挂载 X-25MJI 空对地导弹或 P-73 空对空导弹等。卡-52 直升机具有最新的自动目标指示仪和独特的高度程序，能为武装直升机群进行目标分配，以充分发挥卡-50 直升机的作用，并协调卡-50 机群的战斗行动。

### 趣味小知识

虽然卡-52 直升机是专门为陆军航空兵研制的武装直升机，但在必要时，它也可在舰艇甲板安全着舰。

# 英国"撒拉森"装甲车

"撒拉森"装甲车是由英国阿尔维斯汽车公司于 20 世纪 50 年代研制的六轮装甲车，编号为 FV 603。

前脸特写

尾部舱门特写

## 研发历史

"撒拉森"装甲车是由英国阿尔维斯汽车公司生产的 FV 600 系列装甲车之一，采用与 FV 601"撒拉丁"装甲车相同的底盘，而悬挂系统、发动机、传动装置和制动系统有所改良。1952 年，"撒拉森"装甲车 Mk 1 型开始批量生产。该车有多种改进型，包括 Mk 2（炮塔为两门式设计，后方炮塔门可折叠成车长专用座位）、Mk 3（装有水冷装置以适应炎热气候）、Mk 5（Mk 1 或 Mk 2 加装额外装甲的版本）和 Mk 6 型（Mk 3 加装额外装甲的版本）等。

| 基本参数 | |
| --- | --- |
| 长度 | 4.8 米 |
| 宽度 | 2.54 米 |
| 高度 | 2.46 米 |
| 重量 | 11 吨 |
| 最大速度 | 72 千米 / 时 |
| 相关简介 | |

## 实战性能

"撒拉森"装甲车采用 6×6 轮式设计，车身装甲厚 16 毫米，连同驾驶员和车长共可乘载 11 人。该车在英国陆军中主要用作装甲运兵车、装甲指挥车及装甲救护车用途，改进型还包括加装通信或指挥器材和火炮引导等。一般情况下，"撒拉森"装甲车的车体上装有小型旋转炮塔，炮塔上有 1 挺 L3A4（M1919）同轴机枪，另有 1 挺用于平射及防空的"布伦"轻机枪。

### 趣味小知识

除英国外，澳大利亚、尼日利亚、斯里兰卡、南非、约旦、泰国和科威特等国也装备了"撒拉森"装甲车。

# 英国 AW159 "野猫" 直升机

AW159 "野猫" 直升机是由阿古斯塔·韦斯特兰公司在 "山猫" 直升机的基础上研制的武装直升机，从 2014 年服役至今。

头部特写

尾桨特写

## 研发历史

AW159 "野猫" 直升机是按照英国国防部和阿古斯塔·韦斯特兰公司于 2006 年 6 月签订的战略合作协定授予的第一个主要项目。该机于 2009 年 11 月首次试飞，2012 年 7 月开始交付英国陆军，2014 年正式服役。2013 年 1 月，韩国海军购买了 8 架 "野猫" 直升机。此外，菲律宾海军和孟加拉国海军也有购买意向。

## 实战性能

AW159 直升机大多数零部件是新设计的，仅有 5% 的零部件可与 "山猫" 直升机通用。在外形方面，AW159 直升机的尾桨经过重新设计，耐用性更强，隐身性能也更好。该机的主要武器为 FN MAG 机枪（陆军版）、CRV7 制导火箭弹和泰利斯公司的轻型多用途导弹。海军版装有勃朗宁 M2 机枪，还可搭载深水炸弹和鱼雷。

| 基本参数 | |
| --- | --- |
| 机身长度 | 15.24 米 |
| 机身高度 | 3.73 米 |
| 放翼直径 | 12.8 米 |
| 空重 | 3 300 千克 |
| 最高速度 | 291 千米 / 时 |
| 相关简介 | |

### 趣味小知识

2012 年 1 月，AW159 直升机在 "铁公爵" 号护卫舰上完成了海上着舰试验，随后启动了历时一个月的系列海试。

# 英国 / 意大利 EH-101 "灰背隼" 直升机

EH-101 "灰背隼" 直升机是由英国和意大利联合研制的多用途直升机，可用来运送特种部队，或从舰艇和航空母舰上为两栖任务提供支援。

尾翼特写

驾驶舱外部特写

## 研发历史

"灰背隼" 直升机于 1987 年 6 月首次试飞，1990 年开始服役。该直升机的主要用户包括英国海军、英国空军、意大利海军、阿尔及利亚海军、丹麦空军、印度空军、葡萄牙空军、日本海上自卫队和日本东京警视厅等。英军曾在伊拉克战争中投入 "灰背隼" 直升机，其表现较为抢眼。

| 基本参数 | |
| --- | --- |
| 长度 | 22.81 米 |
| 高度 | 6.65 米 |
| 旋翼直径 | 18.59 米 |
| 重量 | 10 500 千克 |
| 最高速度 | 309 千米 / 时 |
| 相关简介 | |

## 实战性能

"灰背隼" 直升机的机身结构由传统和复合材料构成，设计上尽可能采用多重结构式设计，主要部件在受损后仍能起作用，座舱玻璃框架是目前直升机中采用复合材料为框架最大的一个。各型 "灰背隼" 的机身结构、发动机、基本系统和电子系统基本相同，主要的不同在于执行不同任务时所需的特殊设备。"灰背隼" 直升机具有全天候作战能力，可用于运输、反潜、护航、搜索救援、空中预警和电子对抗等。该机可装载 2 名飞行员和 35 名全副武装的士兵，或者 16 副担架加一支医疗队。

### 趣味小知识

"灰背隼" 直升机装有 3 台发动机，各型号使用的发动机型号略有不同，主要包括劳斯莱斯 RTM-322 发动机、通用电气 T700-GE-T6A 发动机以及专用于海洋作战的 Mk 104 发动机。

# 法国 VBL 装甲车

VBL 装甲车是由法国于 20 世纪 80 年代研制的轻型轮式装甲车，具有一定的装甲防护能力，在战场上担任的角色类似于美军"悍马"装甲车。

驾驶席特写

前脸特写

## 研发历史

20 世纪 80 年代中期，法国军队需要一种新的步兵机械化车辆，以取代现役的老旧载具。针对这一需求，法国军队展开了"轻型装甲车辆"项目，设计一种轻型四轮装甲车。1990 年，VBL 装甲车开始批量生产，法国军队的装备数量超过 1 600 辆。除法国外，VBL 装甲车还出口到希腊、墨西哥、阿曼、葡萄牙和科威特等国。

| 基本参数 | |
|---|---|
| 长度 | 3.8 米 |
| 宽度 | 2.02 米 |
| 高度 | 1.7 米 |
| 重量 | 3.5 吨 |
| 最大速度 | 95 千米 / 时 |
| 相关简介 |  |

## 实战性能

VBL 装甲车体形较小，重量较轻，车上装有三防装置，车体装甲能抵挡 7.62 毫米子弹和炮弹破片的袭击。该车具有很好的武器适应性，可根据部队需要装备多种不同类型的武器系统。车顶上装有可以 360 度回旋的枪架和枪盾，能安装多种轻机枪或重机枪（如 FN Minimi 轻机枪、M2 重机枪等）。VBL 装甲车虽然设有装甲，但是重量不到 4 吨，具有很强的战略机动性。该车的体积也很小，便于使用 C-130、C-160 或 A400M 等运输机空运。

### 趣味小知识

VBL 装甲车的变型车较多，除装甲侦察车、装甲输送车外，还有指挥车、国内安全车、防空车、通信车、雷达车、弹药输送车、反坦克车等型号。

# 欧洲"虎"式武装直升机

"虎"式直升机是由欧洲直升机公司研制的武装直升机,德国、澳大利亚、法国、西班牙等国均有装备。

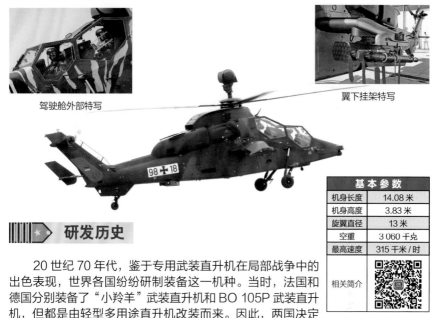

驾驶舱外部特写

翼下挂架特写

| 基本参数 | |
| --- | --- |
| 机身长度 | 14.08 米 |
| 机身高度 | 3.83 米 |
| 旋翼直径 | 13 米 |
| 空重 | 3 060 千克 |
| 最高速度 | 315 千米 / 时 |
| 相关简介 | |

## 研发历史

20 世纪 70 年代,鉴于专用武装直升机在局部战争中的出色表现,世界各国纷纷研制装备这一机种。当时,法国和德国分别装备了"小羚羊"武装直升机和 BO 105P 武装直升机,但都是由轻型多用途直升机改装而来。因此,两国决定以合作形式,研制一种专用武装直升机——"虎"式直升机。该机于 1984 年开始研制,1991 年 4 月原型机首次试飞,1997 年首批交付法国。

## 实战性能

"虎"式直升机装有 1 门 30 毫米机炮,另可搭载 8 枚"霍特 2"或新型 PARS-LR 反坦克导弹、4 枚"毒刺"或"西北风"空对空导弹。此外,还有两具 22 发火箭吊舱。该机的机载设备较为先进,视觉、雷达、红外线、声音信号都减至最低水平。"虎"式直升机能够抵御 23 毫米自动炮火射击,其旋翼由能承受战斗破坏的纤维材料制成,并且针对雷电和电磁脉冲采取了防护措施。

### 趣味小知识

1995 年上映的皮尔斯·布鲁斯南出演的首部也是 007 全系列的第 17 部电影《黄金眼》中,反派角色齐妮亚·奥纳托和乌鲁莫夫将军偷了一架表演用的"虎"式直升机,为的是得到黄金眼的硬件密码盒。

# 意大利 A129 "猫鼬" 直升机

A129 "猫鼬" 直升机是由意大利阿古斯塔公司研制的武装直升机，目前是意大利陆军航空兵的主力武装直升机，并已出口土耳其。

驾驶舱内部特写

发动机进气道特写

| 基本参数 | |
|---|---|
| 机身长度 | 12.28 米 |
| 机身高度 | 3.35 米 |
| 旋翼直径 | 11.9 米 |
| 空重 | 2 530 千克 |
| 最高速度 | 278 千米 / 时 |
| 相关简介 | |

## 研发历史

20 世纪 60 年代到 70 年代，美军在越南的作战已经显示出直升机的重要作用。为满足意大利陆军对专用轻型反坦克直升机的需求，阿古斯塔公司于 1978 年开始研制 A109 武装直升机。但意大利军方认为 A109 不能完全满足要求，于是阿古斯塔研制了全新的 A129 "猫鼬" 武装直升机。该机于 1983 年 9 月首次试飞，同年开始服役。为了能够在国际市场占据一席之地，阿古斯塔公司还推出了 A129 国际型。

## 实战性能

A129 直升机在 4 个外挂点上可携带 1200 千克外挂物，通常携带 8 枚 "陶" 式反坦克导弹、2 挺机枪（机炮）或 81 毫米火箭发射舱。另外，A129 直升机也具备携带 "毒刺" 空对空导弹的能力。该机有着完善的全昼夜作战能力，它有两台计算机控制的综合多功能火控系统，可控制飞机各项性能。机上装有霍尼韦尔公司生产的前视红外探测系统，使得飞行员可在夜间贴地飞行。头盔显示瞄准系统使驾驶员和武器操作手均可迅速地发起攻击。

# 瑞典 CB90 快速突击艇

CB90 快速突击艇是由瑞典设计制造的多功能艇，可作巡逻艇、快速攻击艇或火力支援艇。该艇可实现高速机动，适用于近海或内河沿岸的快速两栖登陆作战。

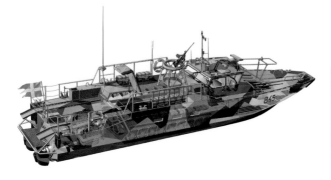

| 基本参数 | |
|---|---|
| 标准排水量 | 15.3 吨 |
| 长度 | 15.9 米 |
| 宽度 | 3.8 米 |
| 吃水深度 | 0.8 米 |
| 最高速度 | 40 节 |
| 相关简介 | |

## 研发历史

由于瑞典海军规模与实力有限，主要战场只能设定在瑞典海岸，但由于瑞典复杂绵长的峡湾地形极易使敌方渗透，因此海岸线巡逻和濒海特种作战显得尤为重要。瑞典从 20 世纪 60 年代就开始着重发展小型高速艇，用以执行海岸线巡逻和特种作战，早期的 Tpbs-200 运输快艇无论是速度还是隐身性能都无法满足于新时期的特种作战需求。1988 年，瑞典国防装备管理局（FMV）公开了新快艇的设计需求，达克史达瓦贝特公司竞标成功，1989 年建造 2 艘试验艇交付瑞典海军，赢得了瑞典海军的高度评价，命名为 CB90 快速突击艇，1990 年开始瑞典海军陆续下达了120 艘的订单。

## 实战性能

CB90 快速突击艇的尾部为水密结构，设有一个可容纳 20 名全副武装的士兵的船舱，或装载 2.8 吨货物。该艇有一个大的辅助登陆的前向舱门，艇上还载有 4 艘充气艇，每艘充气艇可搭载 6 人。CB90 快速突击艇的艇首有 1 挺 12.7 毫米机枪，艇体中部的武器架可布置 12.7 毫米机枪或 40 毫米榴弹发射器，由驾驶舱内遥控发射。此外，CB90 快速突击艇还可以使用半主动激光制导的 RBS 17"地狱火"舰对舰导弹，以及水雷（4 枚）和深水炸弹（6 枚）。

# 瑞士"食人鱼"装甲车

"食人鱼"装甲车是由瑞士莫瓦格公司设计制造的轮式装甲车，根据车轮数量有4×4、6×6、8×8、10×10等多种版本，是欧美国家广泛使用的装甲车。

大灯特写

轮胎特写

## 研发历史

20世纪70年代初期，莫瓦格公司就以自筹资金的方式开始研制"食人鱼"装甲车。1972年生产出第一辆样车，为6×6车型。1976年，莫瓦格公司开始为加纳、利比里亚、尼日利亚和塞拉利昂生产4×4、6×6、8×8车型。1977年，加拿大武装部队在经过充分对比后，选择了"食人鱼"装甲车，签署了350辆6×6车型的订单。不久，又增加到491辆。此后，美国、瑞士、沙特阿拉伯、智利、澳大利亚、阿曼、丹麦、以色列、瑞典、新西兰、卡塔尔等国也相继订购了"食人鱼"装甲车。时至今日，"食人鱼"装甲车已经从Ⅰ型发展到Ⅴ型。

| 基本参数 | |
|---|---|
| 长度 | 4.6米 |
| 宽度 | 2.3米 |
| 高度 | 1.9米 |
| 重量 | 3吨 |
| 最大速度 | 100千米/时 |
| 相关简介 | |

## 实战性能

"食人鱼"装甲车装有中央轮胎压力调节系统，驾驶员可依据车辆路面行驶状况调节轮胎压力。车内有预警信号装置，当车辆行驶速度超过所选择轮胎压力极限时，预警信号装置便发出报警信号。该车可以搭载的武器较多，如10×10版本的主要武器是1门105毫米线膛炮，炮塔可旋转360度。发射尾翼稳定的脱壳穿甲弹初速达1 495米/秒，具有反坦克能力。辅助武器是1挺7.62毫米并列机枪。车上携炮弹38发，枪弹2 000发。

# Chapter 08

# 辅助作战装备

　　除了各种特种作战武器和载具，特种部队还有五花八门的辅助作战装备，如无人侦察机、夜视镜、激光瞄准器、信号灯等，这些东西的功能各异，但无一例外的都是特种部队的得力助手。

# 美国 MQ-1 "捕食者" 无人攻击机

MQ-1 "捕食者" 无人机是由通用原子技术公司研制的无人攻击机，1995 年开始装备美国空军。

头部特写

传感器特写

## 研发历史

1994 年 1 月，美国通用原子技术公司取得"先进概念技术验证机"计划的研制合同。1994 年 7 月，原型机成功进行首次试飞。1995 年年初，被命名为 RQ-1 的新型无人机进入美国空军服役。2001 年，RQ-1 无人机携带 AGM-114 "地狱火"导弹和 FIM-92 "刺针"导弹试飞成功，装备了武器的"捕食者"无人机被重新命名为 MQ-1。自服役以来，"捕食者"无人机参加过阿富汗、波斯尼亚、塞尔维亚、伊拉克、也门和利比亚的战斗。

## 实战性能

MQ-1 无人机可在粗略准备的地面上起飞升空，起降距离约 670 米，起飞过程由遥控飞行员进行视距内控制。在回收方面，MQ-1 无人机可以采用软式着陆和降落伞紧急回收两种方式。MQ-1 无人机可以在目标上空逗留 24 小时，对目标进行充分的监视，最大续航时间高达 60 小时。该机的侦察设备在 4 000 米高处的分辨率为 0.3 米，对目标定位精度达到极为精确的 0.25 米。MQ-1 无人机有两个挂架，可携带两枚 AGM-114 "地狱火"导弹或 FIM-92 "刺针"导弹。

| 基本参数 | |
| --- | --- |
| 长度 | 8.22 米 |
| 高度 | 2.1 米 |
| 翼展 | 14.8 米 |
| 重量 | 512 千克 |
| 最高速度 | 217 千米/时 |
| 相关简介 | |

### 趣味小知识

2001 年，MQ-1 无人机首次在实战中发射导弹摧毁了一辆塔利班坦克。

# 美国 MQ-9 "收割者" 无人攻击机

　　MQ-9 "收割者" 无人机是由通用原子技术公司研发的无人攻击机，可为特种部队提供近距空中支援，也可以在危险地区执行持久监视和侦察任务。

头部特写

尾部特写

| 基本参数 | |
| --- | --- |
| 机身长度 | 11 米 |
| 机身高度 | 3.8 米 |
| 翼展 | 20 米 |
| 空重 | 2 223 千克 |
| 最高速度 | 482 千米 / 时 |

相关简介

## 研发历史

　　1994 年 1 月，美国通用原子技术公司获得了美国空军 "中高度远程 '捕食者' 无人机" 计划的合同。在竞争中击败诺斯洛普·格鲁曼公司后，通用原子技术公司于 2002 年 12 月正式收到美国空军的订单，制造 2 架 "捕食者" B 型无人机，之后正式命名为 MQ-9 "收割者"。截至 2019 年 7 月，美国空军已经装备了超过 160 架 MQ-9 无人机。

## 实战性能

　　MQ-9 无人机装备有先进的红外设备、电子光学设备以及微光电视和合成孔径雷达，拥有不俗的对地攻击能力，并拥有卓越的续航能力，可在战区上空停留数小时之久。此外，MQ-9 无人机还可以为空中作战中心和地面部队收集战区情报，对战场进行监控，并根据实际情况开火。相比 MQ-1 无人机，MQ-9 无人机的动力更强，飞行速度可达 MQ-1 无人机的三倍，而且拥有更大的载弹量，装备 6 个武器挂架，可搭载 "地狱火" 导弹和 500 磅炸弹等武器。

### 趣味小知识

　　2016 年 5 月 22 日，美军联合特种作战司令部操控的 MQ-9 无人机对车里的塔利班最高领导人阿赫塔尔·穆罕默德·曼苏尔发射了两枚 "地狱火" 导弹，曼苏尔当场死亡。

# 美国 RQ-11 "渡鸦" 无人机

RQ-11 "渡鸦" 无人机是由美国航宇环境公司设计制造的轻型侦察用无人飞行器，2002 年开始实际军事部署。

| 基本参数 | |
| --- | --- |
| 长度 | 0.92 米 |
| 翼展 | 1.37 米 |
| 重量 | 1.91 千克 |
| 最高速度 | 56 千米 / 时 |
| 最大航程 | 10 千米 |
| 相关简介 | |

## 研发历史

RQ-11 "渡鸦" 无人机的前身是同样由航宇环境公司研发的 FQM-151 "游标犬" 无人机，后者于 1999 年开始服役。之后，航宇环境公司在其基础上研制出 RQ-11 无人机，2001 年 10 月首次试飞，2002 年开始实际军事部署，2003 年正式服役。美国空军、美国陆军、美国海军陆战队及美军多支特种部队均有采用，主要用于战场上的低空侦察、监视与目标辨识用途。

## 实战性能

RQ-11 无人机的机体由 "凯夫拉" 材料制造，在设计上考虑了抗坠毁性能，不易发生解体。其机身非常小巧，分解后可以放入背包内携带。该机可以从地面站进行遥控，也可以使用 GPS 导航从而完全自动执行任务。RQ-11 无人机由一具输出功率约 0.3 千瓦的电动马达所驱动，能在 150 米地面全高持续飞行约 10 千米的距离，或可爬升至平均海拔 4 500 米的高空。利用 RQ-11 无人机，战场上的士兵不需要实际冒险进入敌境就能进行侦察工作，因而降低行踪暴露并遭攻击导致伤亡的可能。

### 趣味小知识

RQ-11 无人机系统有两名操作人员，一名飞机操作员负责控制无人机，一名任务操作员负责观察无人机系统传回的图像。

# 美国 RQ-16 无人机

RQ-16 无人机是由美国霍尼韦尔公司为特种部队专门研制的微型无人机，不仅装备美国陆军特种部队，还广泛配发到海军陆战队、空军特种部队，累计采购数量高达 4 000 架。

| 基本参数 | |
|---|---|
| 长度 | 0.4 米 |
| 重量 | 8.39 千克 |
| 最高速度 | 130 千米 / 时 |
| 续航时间 | 40 分钟 |
| 实用升限 | 3 200 米 |
| 相关简介 | |

## 研发历史

美国从 2000 年发动第二次海湾战争之后就一直派遣地面远征部队驻扎在伊拉克各地，并不断地进行地面反恐战争。为了提高特种部队的侦察能力和生存能力，美国国防部于 2007 年委托霍尼韦尔公司研制了 RQ-16 空中支援无人机，绰号"T-hawk"。该机研制成功后，很快就被投放到伊拉克战场，经过多次实战检验，深受美国特种部队士兵的好评。

## 实战性能

RQ-16 无人机采用涵道式风扇布局，能够实现垂直起降。该机采用超小型两缸四冲程活塞式柴油发动机，不仅油耗较低，还可在战场环境下和其他装甲车、坦克的油料保持统一，降低后勤保障负担。整个 RQ-16 无人机系统的重量只有 11 千克，可以由特种部队的单个士兵背负（配置专门的背包），不过更多的时候都是车载。

### 趣味小知识

RQ-16 无人机所使用的涵道式风扇设计，可以有效地保护风扇叶片，不怕下雨，也不怕沙尘暴，而且飞行过程中噪声极低。

# 美国 AN/PVS-14 夜视仪

AN/PVS-14 夜视仪是由美国设计制造的轻型单眼夜视仪，其北约仓储号为 5855-01-432-0524，目前被广泛地应用于美军各军种特种部队以及警方的特种战术小组。

与步枪光学瞄准镜配合使用的
AN/PVS-14 夜视仪

安装在头盔上的 AN/PVS-14 夜视仪

## 研发历史

AN/PVS-14 夜视仪是美军继 AN/PVS-7 夜视仪后的夜间视觉装备，2000 年开始装备部队。作为市场上用途最为广泛的夜视系统，AN/PVS-14 夜视仪可以手持，也可装在枪械上，还可配合相机和摄像机用于夜间的拍摄。

## 实战性能

AN/PVS-14 夜视仪坚固耐用，可以手持、头戴，也可以安装在武器和摄像机上。AN/PVS-14 可以通过支架安装到 MICH、PASGT、ACH、ECH 等多种头盔上，也可以用另外一种转接装置接到各种装有标准导轨的枪械上，并且可以和其他瞄具配合使用。AN/PVS-14 比前代 AN/PVS-7D 的分辨率高、重量轻，使用起来更加灵活，同时观察距离也明显增加。具体来说，这种夜视仪可用来提高特种兵的态势感知能力，以及在恶劣观察条件下的能见度。

| 基本参数 | |
| --- | --- |
| 长度 | 114.3 毫米 |
| 宽度 | 50.8 毫米 |
| 高度 | 54.4 毫米 |
| 重量 | 392 克 |
| 探测距离 | 350 米 |
| 相关简介 | |

# 美国 AN/PEQ-15 瞄准器

AN/PEQ-15 瞄准器是由美国透视科技公司设计生产的激光 / 红外线瞄准器，可利用皮卡汀尼导轨装在步枪上使用，美国常规部队和特种部队均有装备。

顶部特写

底座特写

### 研发历史

AN/PEQ-15 瞄准器是由美国透视科技公司按照美国军用标准所制造，目前正在美国军队中服役，取代过去的 AN/PEQ-2 激光瞄准器，同时也是美国特种部队的第二代改进型套件（SOPMOD Block Ⅱ）的一部分。

### 实战性能

AN/PEQ-15 的外形比较像倒过来的"凹"字，中间凹陷成皮卡汀尼导轨连接座以降低其高度。AN/PEQ-15 分别具有可见激光 / 红外线激光 / 红外线照明发射器，两个较窄的发射口用于步枪的瞄准，另一个较宽的发射口用于发射激光以对准目标照射。而使用肉眼不可见的红外线激光时，目标上会产生一个非常小的红色激光点，

| 基本参数 | |
|---|---|
| 长度 | 116.8 毫米 |
| 宽度 | 71.1 毫米 |
| 高度 | 40.6 毫米 |
| 重量 | 212.6 克 |
| 红外线激光 | 800 米 |
| 相关简介 | |

该激光点出现的位置附近的范围就会是弹着点。但只适合阴暗处或晚上使用，而且必须利用被动式夜视装备才能看到。每条激光可以独立归零，也可以独立调整其照射的半径。

美国海军陆战队特种兵使用装有 AN/PEQ-15 瞄准器的 M4 卡宾枪射击

**趣味小知识**

　　AN/PEQ-15 的凹陷设计使其安装在武器上时不会因为受外力撞击而造成连接座断裂，而 AN/PEQ-2 使用轨道座固定时，后方基本上是悬空的，如果从后方撞击，很容易使 AN/PEQ-2 断成两截。

# 美国 MS 2000 频闪求生信号灯

MS 2000 频闪求生信号灯是美国特种部队使用的求生装置，由爱默生公司设计生产，主要用于辨别敌我、标注位置和提供求救指示。

固定在头盔上的 MS 2000 信号灯

MS 2000 频闪求生信号后盖特写

 **研发历史**

MS 2000 频闪求生信号灯是由美国爱默生公司设计的求生装置，用于取代美国军队装备的 SDU5/E 求生灯。时至今日，虽然美国军队中的新款战术灯、求生灯层出不穷，但各个兵种仍然大量使用 MS 2000 频闪求生信号灯。对于空军飞行员来说，当他们在地面迫降时，MS 2000 可有效地为救援队发出求生信号。对于特种作战人员来说，他们经常会将 MS 2000 稍加改造，将其固定在头盔上面，引导 MH-47、MH-60 等直升机进行搜索 / 营救任务。

**实战性能**

MS 2000 频闪求生信号灯本身带有滤光罩，当使用滤光罩的时候，只有在夜视仪下，才能看到闪光。MS 2000 频闪求生信号灯使用两节 AA 电池供电，能发出 25 万流明的白光。据军方测试，9.6 千米以外都能看到它发出的白光。即便在恶劣的户外环境下，特种兵仍然可以放心地使用。据测试，MS 2000 频闪求生信号灯的防水深度达到 10 米，即便是落入海中的特种兵也能使用它求救。

| 基本参数 | |
|---|---|
| 长度 | 114 毫米 |
| 宽度 | 56 毫米 |
| 高度 | 33 毫米 |
| 重量 | 115 克 |
| 闪烁频率 | 50 次 / 分 |
| 相关简介 | |

# 俄罗斯"前哨"无人机

"前哨"无人机是由俄罗斯国防工业集团在以色列"搜索者"Mk Ⅱ无人机基础上研制的无人侦察机。

## 研发历史

2010年，俄罗斯国防工业集团与以色列航空工业公司（IAI）签署合作协议，由以方向俄罗斯转让必要的技术文件、工艺设备、检测设备和训练系统，并提供无人机零部件，授权组装生产IAI公司的"搜索者"Mk Ⅱ无人机，俄罗斯称之为"前哨"无人机。目前，俄罗斯太平洋舰队已组建起首支"前哨"无人机分队。

| 基本参数 | |
|---|---|
| 长度 | 5.85米 |
| 高度 | 1.25米 |
| 翼展 | 8.54米 |
| 重量 | 500千克 |
| 最高速度 | 200千米/时 |
| 相关简介 | |

## 实战性能

"前哨"无人机与美国MQ-1"捕食者"无人机大体类似，装有一个光电传感器转塔，拥有相似的重量、航程和续航力特性。然而，它不能搭载武器，这限制了它在对目标立即进行"察打一体"方面发挥的作用。"前哨"无人机的实用升限为5 797米，有效载荷为100千克，续航时间可达17.5小时。

### 趣味小知识

2018年8月，为测试无人机海上侦察及引导攻击能力，俄罗斯海军在波罗的海首次使用"前哨"无人机实时指示海上待打击目标，并成功引导军舰发射"口径"巡航导弹和"宝石"反舰导弹实施攻击。

# 挪威"黑色大黄蜂"无人机

"黑色大黄蜂"无人机是由挪威普罗克斯动力公司设计制造的军用微型无人机，可用于搜救或军事侦察任务，美国和英国特种部队都在测试这种无人机。

"黑色大黄蜂"无人机及其手
持式控制终端机

整体特写

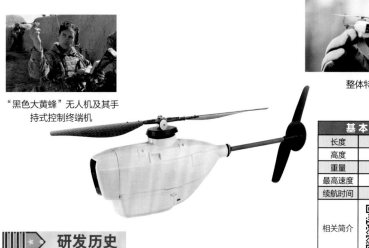

| 基本参数 | |
|---|---|
| 长度 | 0.1 米 |
| 高度 | 0.025 米 |
| 重量 | 0.016 千克 |
| 最高速度 | 35 千米/时 |
| 续航时间 | 30 分钟 |
| 相关简介 | |

## 研发历史

"黑色大黄蜂"无人机由挪威普罗克斯动力公司设计，除挪威陆军外，美国陆军、美国海军陆战队、英国陆军和澳大利亚陆军也有装备。2013 年，英国曾将"黑色大黄蜂"无人机用于阿富汗战场，使其成为世界上最早实际用于军事行动的微型无人机。"黑色大黄蜂"无人机价值不菲，单架达到了 4 万美元。目前，总部设在英国萨里的马尔堡通信公司已经获得了英国军方总值 2 000 万美元的合同，为英国军队负责提供和保养 160 架"黑色大黄蜂"无人机。

## 实战性能

"黑色大黄蜂"无人机的尺寸很小，重量也很轻，能够完全放置在手掌之中。这种无人机非常方便携带，可以在各种严峻环境（包括刮风的情况下）安全操作。在使用时，操控者只需轻轻地向空中投掷即可。"黑色大黄蜂"无人机装有微型摄像机以及多个热成像摄影机，通常用于执行跟踪、监视任务，可以将拍摄到的画面即时传送到手持式控制终端机。

### 趣味小知识

"黑色大黄蜂"无人机主要依靠电池供电，遥控有效距离为 800 米。

# 瑞士"伊罗丝"无人机

"伊罗丝"无人机是由瑞士飞行能力公司于 2016 年推出的无人侦察机。

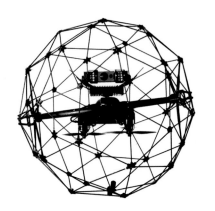

| 基本参数 | |
| --- | --- |
| 长度 | 0.6 米 |
| 宽度 | 0.5 米 |
| 高度 | 0.5 米 |
| 重量 | 0.7 千克 |
| 最高速度 | 32.4 千米/时 |
| 相关简介 | |

## 研发历史

2016 年 5 月，瑞士飞行能力公司在美国国际无人机系统展览会上宣布正式推出一款防撞的无人机——"伊罗丝"无人机。该机的设计源于对自然界昆虫飞行的研究，它拥有全球专利 360° 旋转的保护笼和飞行控制算法。它是第一台可碰撞的无人机，解决了无人机领域里的两大挑战：如何处理障碍物及其碰撞，如何提高安全性，增强与人的互动。2018 年 4 月，"伊罗丝"无人机被法国反恐特种部队"黑豹"特警队（RAID）采用，用于在复杂的密闭空间内进行室内侦察和情报搜集工作。

## 实战性能

"伊罗丝"无人机的机身和保护壳以碳纤维、镁合金、航空级铝合金等材料制成，既轻巧又坚硬。由于"伊罗丝"无人机的保护罩包裹了整个机身，所以它能抵御 4 米/秒的冲击力，即使碰到尖锐物品，也能减少对机身造成的损伤。"伊罗丝"无人机拥有一个高清摄像头，一个热摄像头和一个强大的 LED 照明系统，以及一个稳定的数字视频传输系统，即使在视线外，甚至在金属环境中飞行，视频都会实时无误地传输。

### 趣味小知识

"伊罗丝"无人机每次只能连续飞行 10 分钟，充电时间约 1 小时。若电源即将耗尽或讯号中断，无人机会自动降落。

# 参 考 文 献

[1] 宋立志. 特种部队武器装备揭秘 [M]. 北京：中央编译出版社，2007.

[2] 史迪威. 世界特种部队训练技能和装备 [M]. 北京：中国市场出版社，2011.

[3] 埃文·索斯比. 简氏特种作战装备鉴赏指南 [M]. 北京：人民邮电出版社，2012.

[4] 陈海涛. 世界王牌特种部队 [M]. 南京：江苏人民出版社，2013.

[5] 格雷格·马蒂逊. 海豹突击队 [M]. 长沙：湖南人民出版社，2014.